Topos-Taschenbücher
Band 181

Romano Guardini

Der Rosenkranz Unserer Lieben Frau

Topos-Taschenbücher

»Der Rosenkranz Unserer Lieben Frau«:
Unveränderter Nachdruck der 7. Auflage,
Würzburg: Werkbund-Verlag, 1964
(1. Auflage 1940).

1. Taschenbuchauflage 1988
1.-6. Tsd.

CIP-Titelaufnahme der Deutschen Bibliothek

Guardini, Romano:
Der Rosenkranz Unserer Lieben Frau / Romano Guardini. –
1. Taschenbuchaufl., 1.-6. Tsd., unveränd. Nachdr. d. 7. Aufl.,
Würzburg, Werkbund-Verl., 1964. – Mainz: Matthias-
Grünewald-Verl., 1988
   (Topos-Taschenbücher ; Bd. 181)
   ISBN 3-7867-1378-2
NE: GT

(c) 1988. Matthias-Grünewald-Verlag, Mainz
Alle Autorenrechte liegen bei der Katholischen Akademie
in Bayern
Reihengestaltung: Eschert & Bänder
Satz: Studio für Fotosatz, Ingelheim
Druck und Bindung: Clausen & Bosse, Leck

Meiner Mutter

zu eigen

INHALT

VORBEMERKUNG

Der Grundgedanke dieser Schrift ist vor über dreißig Jahren entstanden; seitdem ist er mit mir gegangen, durch ein halbes Menschenleben. Ich habe oft versucht, ihn auszuführen, allein es wollte nie gelingen, und die Entwürfe sind liegen geblieben. Diesen habe ich nun abgeschlossen; aber auch von ihm weiß ich nicht, ob er wirklich geraten ist. Je länger man lebt, desto deutlicher sieht man, daß die einfachen Dinge die wahrhaft großen sind. Darum sind sie aber auch am schwersten zu bewältigen. Die höchste Aufgabe geistlichen Schrifttums wäre wohl die, von Gott zu erzählen so, daß das Menschenherz es ohne weiteres verstünde. Aber wer kann das? . . . Der Rosenkranz ist etwas sehr Einfaches; so müßte man von ihm auch in der Weise der Einfachheit sprechen. Dem Leser müßte zu Mute sein, als würde er an die Hand genommen und in eine von stillem Leben durchatmete Welt geführt, in welcher ihm ernst, innig und hilfreich die heiligen Gestalten des Glaubens begegneten. Dazu bin ich nicht imstande; so habe ich es mit Gedanken versucht. Mögen sie wenigstens wahr und nützlich sein.

Berlin, im Februar 1940

ART UND SINN
DES ROSENKRANZGEBETES

I

Bedenken und Rechtfertigung

Ein schweres Geschehen geht durch unsere Zeit und erfaßt jeden Einzelnen. Das eigene Schicksal sowohl wie das nahestehender Menschen, und über alledem das Schicksal des Ganzen nehmen Geist und Gemüt in Anspruch. Das wirkt sich im religiösen Leben in verschiedener Weise aus. Der Eine kommt überhaupt nicht mehr zum Beten, weil er ganz ausgefüllt oder erschüttert ist. Er muß sehen, daß er wieder in sich selber Stand findet; er muß neben den lauten auch wieder die stillen Stimmen hören und erkennen, daß Gott immer Gott bleibt, mögen die irdischen Dinge noch so mächtig werden ... Beim Anderen geht es umgekehrt, und die Erschütterungen des Daseins rufen das Ewige in ihm an. Er fühlt, daß die Dinge nicht mehr irdisch bewältigt, sondern vor Gott getragen werden müssen, und das um so mehr, je entscheidungsvoller sie sind. So verlangt er nach einem Raum der Stille, in dem er ruhig werden und erstarken kann, um dann mit neuer Zuversicht zu seinen Aufgaben zurückzukehren. Er bedarf eines Gebetes, das ihm die Möglichkeit des Verweilens, der inneren Sammlung und Kräftigung gibt. Von einer Gebetsform, die schon Vielen diesen Dienst getan hat, nämlich dem Rosenkranz, soll hier die Rede sein.

Diese Schrift wird in mancherlei Hände kommen. Einmal zu solchen, denen der Rosenkranz vertraut ist. Mit ihnen brauchte ich mich nicht über sein Recht und seinen Sinn zu verständigen, sondern könnte einfach sagen, was mir wichtig scheint. Das Büchlein kann aber auch zu solchen gelangen, die dem Rosenkranz fremd oder ablehnend gegenüberstehen. Für sie möchte ich gleich zu Anfang Einiges klarstellen.

Vor allem, daß diese Schrift niemandem zureden will. Der Rosenkranz ist eine uralte Andacht, die einen unabsehlichen Einfluß ausgeübt hat. Er ist vor allem dem gläubigen Volke teuer und gehört zu seinem Leben wie die Arbeit, die es verrichtet, und das Brot, das es ißt. Sobald aber der Mensch in die Unruhe des Verstandes und in das Getriebe des modernen Lebens gerät, verliert er meistens das Verhältnis dazu. Dann hat ihm der Rosenkranz fürs Erste wirklich nichts zu sagen, und es wäre töricht, ihn zu irgend etwas überreden zu wollen.

Mit dem Rosenkranz haben sich auch Mißverständnisse und Mißbräuche verbunden. Die Bergpredigt sagt: »Wenn ihr aber betet, dann sollt ihr nicht viel reden wie die Heiden, welche meinen, ihre vielen Worte brächten ihnen Erhörung. Macht es nicht wie sie; euer Vater weiß, wessen ihr bedürfet, noch ehe ihr ihn darum bittet.« (Mt 6,7—8) Das Wort ist die Voraussetzung aller christlichen Lehre vom Gebet; man könnte aber denken, wenn irgendwo das Gegenteil von dem geschehe, was es sagt, dann im Rosenkranz, der ja eine einzige Wiederholung darstellt. Auch wird er zuweilen so eilfertig und äußerlich gebetet, daß man an das Prophetenwort erinnert wird: »Dieses Volk naht sich mir mit seinem Munde und ehrt mich mit seinen Lippen, sein Herz aber ist weit weg von mir.« (Jes 29,13) Dazu die vielen Übertreibungen bei denen, welche den Rosenkranz empfehlen. Manchmal hat man den Eindruck, sobald die Rede auf ihn kommt, verliere der Lobredner jedes Maß. Dann braucht man nur noch zu erfahren, daß es ähnliche Gebetsformen auch außerhalb des Christentums – etwa im Buddhismus – gibt, und die Abneigung oder wenigstens das Mißtrauen sind da. Das alles darf gewiß nicht leicht genommen werden, sagt aber über Wesen und Wert des Rosenkranzes selbst nicht das geringste. Um beim Letzten anzufangen: Das Gebet ist ein urmenschliches Tun; so enthält es Wesensgesetze, die überall wiederkehren. Wenn sich also bei einer so ernsten Religion, wie es der sechshundert Jahre vor Christus entstandene Buddhismus ist, eine Gebetsform findet, die unter gewissen Gesichtspunkten dem Rosenkranz ähnelt, dann spricht das eher für, als gegen ihn ... Die Übertreibungen unerleuchteter Lobredner sind schlimm; allein sie dürfen nicht den Blick für die Sache selbst trüben, und noch weniger darf man auf sie mit einer ebenso unerleuchteten Ablehnung antworten ... Was endlich die Mißbräuche angeht, so sollen sie gewiß nicht verteidigt werden; hat aber der Mißbrauch jemals einen wirklichen Einwand gegen das bedeutet, das ihn erlitt? Gibt es irgend etwas Gutes und Edles, das vor dem Mißbrauch geschützt wäre? Ich fürchte, was ihm nie verfällt, ist nicht viel wert. Noch immer hat der Mensch mißhandelt, was ihm wichtig war, denn seine Liebe hat keine sorgliche Hand.

Anderseits muß es doch sehr nachdenklich machen, daß dieses Gebet in der Christenheit schon seit fast sechs Jahrhunderten geübt wird. Unzählige haben es verrichtet und geliebt – sollen sie alle Plapperer und Unchristen gewesen sein? Und wäre ein solches Urteil selbst christlich, das heißt von Gerechtigkeit und Ehrfurcht gegen das religiöse Leben des Anderen geleitet, der doch auch an Christus glaubt? Wenn man vollends Menschen kennt, an deren christlichem Ernst kein Zweifel gestattet ist, und sieht, wie tief sie den Rosenkranz in ihr Leben aufgenommen haben, wird man sehr vorsichtig mit seinem Urteil.

Es hat also unter jeder Rücksicht einen guten Sinn, wenn wir fragen, was der Rosenkranz eigentlich bedeutet. Dem einen wird es tiefer erschließen, was er schon kennt und liebt; dem anderen in seiner wahren Gestalt zeigen, was er vorher falsch sah; einem dritten wenigstens das Gefühl geben, daß es sich um etwas Ernsthaftes handelt, über das leichtfertig zu urteilen sowohl gegen die Wahrheit wie gegen Menschen ein Unrecht wäre.

II

Die Perlenkette und die Wiederholungen

Beginnen wir bei dem, was am Rosenkranz vor allem auffällt. In diesem Gebet wird ein Hilfsmittel gebraucht, eine Schnur oder eine Kette mit Perlen.

Von diesen Perlen sind einige größer, oder aber durch größeren Abstand vor den anderen ausgezeichnet. Je zehn kleinere gehören mit einer solchen größeren zusammen und bilden ein »Gesätz«. Solcher Gesätze hat die ganze Kette fünf. Ihnen geht eine Art Einleitung voraus, durch ein kleines Kreuz gebildet, auf das eine größere und drei kleinere Perlen folgen.

Der Vollständigkeit halber und für solche, denen das Ganze fremd ist, sei noch hinzugefügt, daß es auch Abarten des Rosenkranzes gibt, die andere Einteilungen haben, aber jeweils nur an bestimmten Orten in Brauch sind . . . Ferner daß der Rosenkranz auch äußerlich eine mannigfaltige, zuweilen sehr schöne und kostbare Form empfangen hat, wie es bei Dingen zu geschehen pflegt, die in Ehren stehen und geliebt werden. Etwas sehr Ehrwürdiges und zugleich Zartes kann um solch einen alten, edel gebildeten Rosenkranz sein, dem man ansieht, daß ein Geschlecht um das andere ihn gebraucht und weitergegeben hat.

Diese Perlenkette läßt der Betende durch seine Finger gleiten. Beim Kreuzchen am Anfang spricht er das Glaubensbekenntnis. Bei jeder kleineren Perle das Ave-Maria. Bei der größeren, die jeweils einer Reihe von zehn gewöhnlichen Perlen vorausgeht, das Vaterunser. Nach jedem Gesätz den Lobpreis: »Ehre sei dem Vater und dem Sohne und dem Heiligen Geiste, wie es war im Anfang, so auch jetzt und allezeit und in Ewigkeit, Amen.« Mit dem Kreuzzeichen beginnt und schließt das Ganze.

Was bedeutet das? Ist diese »Gebetsschnur«, wie die

17

Kritiker sagen, nicht schon ein Zeichen dafür, daß es sich um eine Erscheinung niedrig stehender Frömmigkeit handelt? Um etwas Dingliches, das der Mahnung Jesu, »Gott ist Geist, und die ihn anbeten, sollen ihn im Geist und in der Wahrheit anbeten« (Joh 4,24), geradenwegs widerspricht?

Beten heißt, mit Gott verkehren. Dieser Verkehr ist Leben. Die Äußerungen des Lebens aber lassen sich nicht auf die gleiche Form bringen. Es gibt keine Vorschrift, wie sich das Gebet vollziehen müsse. Die Offenbarung sagt, wer Gott ist, und wer wir, und in welcher Gesinnung wir uns Gott nähern sollen; nicht aber, in welcher besonderen Weise dieses Hintreten vor Gott und das Weilen vor Ihm zu geschehen habe. Auch Worte, wie die vom Geist und der Wahrheit tun das nicht – ganz abgesehen davon, daß sie meistens mißverstanden werden; denn »Geist und Wahrheit« bedeuten keinen Widerspruch zu äußerer Gewalt und Ordnung. »Geist« meint nicht den Gedanken, sondern den Heiligen Geist, der um Christus gewaltet und zu Pfingsten die Führung der christlichen Geschichte ergriffen hat; und »Wahrheit« nicht körperlose Innerlichkeit, sondern die lebendige Ordnung, in welche Christus uns zum Vater gestellt hat. Noch in der scheinbar dinglichsten Gebetsform kann diese Ordnung gewahrt und dieser Geist waltend sein – ebenso wie sie in jeder Form des Gebetes, auch in der scheinbar geistigsten und innerlichsten, verloren gehen können.

Es gibt eine Art des Gebetes, in welcher der Mensch

ein Anliegen oder eine Gesinnung vor Gott ausspricht: Bitte, Dank, Reue. Das soll er aufrichtig und sauber tun, und seine Rede soll so weit reichen wie das, was sie innerlich treibt. Hierher gehört Jesu Warnung vor dem vielen Sprechen. Wenn einer meint, seine Bitte werde sicherer erhört, falls er sie zehnmal wiederhole, dann macht er es nach dem Worte des Herrn »wie die Heiden«; drängt aber seine Sorge nach Ausdruck, dann mag er sie ruhig wiederholen, zehnmal und hundertmal. So weit der Drang des Herzens trägt, bleibt das Gebet gut; erst, was darüber geht, ist von Übel. Richtiger gesagt, was von vornherein schon Gott in falscher Weise gegenübertritt; denn am »Plappern der Heiden« ist nicht erst die fünfte oder zehnte Wiederholung, sondern schon der Anfang schlimm, weil es sich nicht an den Schöpfer und Herrn der Welt, sondern an »einen Gott« gewendet hat, den man bei all seiner Größe doch wie einen Menschen bedrängt, damit er tue, was man will.

Es gibt aber auch ein anderes Gebet, in welchem es nicht darum geht, einfach zu sagen, »was man auf dem Herzen hat«, sondern in der Nähe Gottes zu weilen. Dieses Gebet neigt dazu, immer weniger Worte zu brauchen; aber nicht, weil es sich im Gesagten erschöpft, sondern weil es im Grunde überhaupt nicht in Worte eingeht. Vielleicht spricht es immer wieder das Gleiche, denken wir an einen heiligen Franziskus, der ganze Nächte mit dem Rufe »mein Gott und mein Alles!« verbracht hat. Schließlich wird auch dieses Wort wegfallen, und das Gemüt, wie die geistlichen Meister sagen, ins »Weiselose« eingehen. Bei diesem Gebet hat das Wort nur die Aufgabe, der inneren Bewegung auf den Weg zu helfen, und es verschwindet, sobald es seinen Dienst getan hat.

Endlich gibt es aber noch eine dritte Art des Betens. Darin geht es ebenfalls um ein Verweilen vor Gott, um einen Dienst vor seinem Angesicht, ein inneres Sich-Finden und Ruhig-Werden – jedoch so, daß das Wort gleichsam zum Strombett wird, in welchem das Gebet läuft, und zur Kraft, die es in Bewegung hält. Dann werden nicht immer neue Worte auftauchen, sondern die gleichen wiederkehren. Ja die Wiederholung wird geradezu die äußere Form des Gebetes sein und den Sinn haben, dessen innere Bewegung immer ruhiger und voller werden zu lassen. Ein Gebet dieser Art ist etwa die Litanei mit ihren vielen, gleichgebauten Anrufungen und Bitten, in denen sich der Gedanke nur leise wandelt. Sie ist uralt; schon im frühesten Christentum findet sie sich. Eine ähnliche Art des Betens zeigt sich auch im Gebrauch der Psalmen, wenn zwischen die einzelnen Verse ein immer wiederkehrender Gebetsanruf, die »Antiphon« eingefügt wird. Auch sie taucht schon in sehr früher Zeit auf. Zu dieser Art des Betens gehört auch der Rosenkranz.

Man könnte einwenden, diese Wiederholung müsse doch auf eine Veräußerlichung des Gebetes hinauslaufen. Das kann natürlich geschehen; dann hat man es eben falsch gemacht, und wir sind beim Mißbrauch. Es muß aber nicht geschehen, denn sie hat auch einen echten Sinn. Ist sie nicht ein Element alles Lebens? Was ist das Klopfen des Herzens anderes als Wiederholung? Immer das gleiche Sich-Zusammenziehen und Ausdehnen, es macht aber, daß das Blut durch den Körper kreist. Was ist das Atmen anderes als Wiederholung? Immer das gleiche Herein und Hinaus; aber in ihm leben wir. Und ist nicht unser ganzes Dasein von Wechsel und Wiederkehr geordnet und getragen? Immer neu geht die Sonne auf und unter, so daß es Tag wird und Nacht; immer neu beginnt im Frühling der große Kreislauf des Lebens, steigt an, erreicht seinen Gipfel und sinkt ab. Was ist gegen diese – und viele andere – Wiederholungen einzuwenden? Sie sind die Ordnungen, in denen das Wachstum vor sich geht, die innere Anlage sich entfaltet, die Gestalt hervortritt. Alles Leben verwirklicht sich in den Rhythmen der äußeren Bedingungen und des inneren Vollzuges – sollte, was überall recht ist, nicht auch im religiösen Leben billig sein?

Der Rosenkranz stellt eine bestimmte Form religiösen Lebens dar. Der Einzelne kann feststellen, er könne mit ihr nichts anfangen; das ist seine Sache. Nicht darf er sagen, dieses Gebet sei sinnlos oder unchristlich, denn damit würde er nur zeigen, daß er nicht weiß, worum es sich handelt.

Was aber die Perlenkette angeht, so hat sie offenbar die Aufgabe, den Geist von gewissen Leistungen äußerer Aufmerksamkeit zu entlasten. Die eine Perle führt den Betenden zur anderen. Ihre Zahl hält die Wiederholungen in einem bestimmten, durch lange Erfahrung als richtig erkannten Maß. Wären sie

nicht, dann müßte der Betende darauf achten, daß er
weder im Zuwenig bleibt, noch ins Zuviel gerät und
würde vom Eigentlichen abgelenkt. Die Perlen nehmen ihm das ab; sie zählen statt seiner . . . Also doch
etwas Technisches? Gewiß; aber enthält nicht alles
Leben »Techniken«? Von allen Dingen, auch den
geistigen, sagt man, sie wollen gelernt sein. Lernen
aber geschieht durch Übung; und »Übung« bedeutet
nichts anderes, als daß »Techniken« ausgebildet werden, durch die ein Tun »von selbst« geht; genauer gesagt, Kraft und Aufmerksamkeit für das Wichtige frei
bleiben. Solange man es noch nicht »kann«, muß
man jeden einzelnen Akt beaufsichtigen, und das Eigentliche kommt zu kurz; sobald man es kann – das
heißt aber, eine Technik entstanden ist – wird dieses
frei. Die Rosenkranzkette hat keinen anderen Sinn.

III

Das Wort

Bei jeder Perle wird ein Gebet gesprochen; Worte
also, die entweder aus der Heiligen Schrift oder aus
der christlichen Überlieferung stammen.
Das Wort ist etwas sehr Reiches, Lebendiges, ja Geheimnisvolles. Ein Gebilde aus Tönen und Lauten,
in denen der Sprechende dem Hörenden mitteilt,
was er in sich trägt. Bis zu einem gewissen Grade
könnte das auch durch einen einfachen Ausruf geschehen – des Schreckens, oder der Freude, oder der

Zuneigung – doch wäre das noch kein richtiges Wort. Das entsteht erst, wenn sich nicht nur ein Gefühl oder ein Zustand, sondern ein Zusammenhang, ein Sinn, eine Wahrheit im Laut ausdrücken. Während ich spreche, steht dann das Wort gleichsam im Raum, und was vorher in mir verschlossen war, ist nun offen. Alle, die das Wort hören, können das von mir Gemeinte erfassen. Darauf verklingt es, und der Sinn ist wieder drinnen, in mir selbst und in denen, die ihn aufgefaßt haben.

Dabei hat sich aber etwas verändert: Das Gemeinte ist Wort geworden und bleibt es. Vorher war es Inhalt von Sein und Leben; allenfalls inneres Wort, das der Mensch zu sich selber spricht, weil er anders als in Worten überhaupt nicht geistig leben kann. Nun ist es hinausgesagt und damit ein für allemal offen geworden. Zwar ist sein Ort nach dem Verhallen der Rede nicht mehr die äußere Hörbarkeit, sondern das Gedächtnis derer, die es vernommen haben; dieses Gedächtnis ist aber ein echter Raum, in dem es aufgesucht und erwogen werden und aus dem es jederzeit wieder in die offene Rede hinaustreten kann . . . Und noch etwas anderes ist geschehen: Solange ich schweige, trage ich das Gemeinte in mir und bin Herr darüber. Selbst wenn der Andere es errät, habe ich es doch noch nicht gesagt. Sage ich es aber, dann gebe ich es aus meiner Vorbehaltenheit in den Daseinsbereich des Anderen. Ich wage es ins Freie und damit in die Gefahr. Nun kann ich es nicht mehr auslöschen, denn was gesagt ist, ist gesagt. So bildet das Sprechen den Beginn der Geschichte – dessen, was geschieht und dann Folgen hat.

Man sagt wohl, das Wort sei geistig. Das ist aber nicht wahr; es ist menschlich. Es hat einen Leib wie der Mensch: das Gebilde aus Laut und Klang. Es hat Geist, wiederum wie der Mensch: den Sinn, der im Hörbaren offen wird. Und es hat, wie der Mensch, ein Herz: die Schwingung des Gemütes, die es erfüllt. Das Wort ist der Mensch selber; seine feinste, beweglichste Ausgestaltung. Darum hat es auch eine solche Macht. Nicht nur wegen des äußeren Lautes; mit Rücksicht auf ihn wäre das Rauschen des Meeres, oder der Ton einer Sirene viel mächtiger. Auch nicht nur wegen des geistigen Sinnes, denn den könnte man vom Worte loszulösen suchen; die Art, wie der heutige Mensch liest, geht ja nach der Richtung. Und auch nicht nur wegen des Gefühls; eine bloße Gebärde oder ein Schrei enthalten davon unter Umständen viel mehr. Nein, die Macht des Wortes liegt darin, daß es ist, wie der Mensch selbst, und deshalb ins lebendigste Leben dringt. Jeder hat schon erfahren, wie ihm ein gutes Wort gar nicht mehr aus dem Sinn ging; seine Wahrheit den Geist beschäftigte, seine Schönheit das Gemüt erfreute, seine Süßigkeit förmlich im Munde zu schmecken war – ebenso aber auch, wie sich ein böses Wort gleich einem Dorn ins Innere bohrte, so fest, daß es noch nach Jahren zu haften schien. Das Wort ist mehr als bloße Mitteilung; es ist Macht, Wesen, Gestalt.

Das aber nicht nur, wenn es gerade gesprochen wird, sondern auch, nachdem das geschehen ist, und es nun in der Erinnerung weiterlebt. Das Wort bildet ja nicht nur den Selbstausdruck dessen, der jeweils redet, sondern auch die Voraussetzung dafür, daß einer überhaupt reden könne: es ist Sprache. Im Lauf der Zeit haben sich die Worte und ihre Ordnungen entfaltet und sind zu einer Welt von Sinngestalten geworden, in welcher der Einzelne aufwächst. Die Sprache, die ein Mensch spricht, ist eine Welt, in der er lebt und schafft; ihm tiefer und wesentlicher zugehörig, als das Land und die Dinge, die er Heimat nennt. In dieser Sprachwelt gibt es aber nicht nur die Worte überhaupt, aus denen sie besteht, sondern auch bedeutungsvolle Sätze, Sprichwörter zum Beispiel, oder Gedanken weiser und edler Menschen, oder Lieder und Dichtungen. Sie können dem Einzelnen jederzeit wieder entgegentreten und ihre Macht üben.

Das gilt von allen Worten der Weisheit, der Liebe und der Schönheit, welche das Gedächtnis der Menschen aufbewahrt. Es gilt von den religiösen Worten, die aus der Erfahrung frommer Menschen stammen. In einer besonderen Weise gilt es von jenen Worten, welche das Offen-Werden Gottes in irdischer Rede enthalten, nämlich den Worten der Heiligen Schrift. Ein solches Wort ist mehr als nur eine Wahrheit oder eine gute Lehre. Es ist eine Macht, die im Hörenden wirkt; ein Raum, in den er eintreten kann; eine Richtung, die ihn leitet. Maria von Ägypten war eine Hetäre in Alexandrien, ebenso bekannt durch ihre Schönheit wie durch ihre Leidenschaft. Eines Tages traf sie die Erkenntnis; sie ging zu einem heiligen Mann und fragte, ob sie gerettet werden könne. Der antwortete: »Verlaß alles. Geh in die

Einsamkeit und sprich nur immer das Wort: Der Du mich erschaffen hast, erbarme Dich meiner!« Das tat sie; betete ohne Unterlaß; immer das Gleiche. Nach einer Reihe von Jahren aber, erzählt der Bericht, war sie so rein wie die Flamme, und die Engel trugen sie zu Gott. Jenes Wort war nicht nur eine Bitte oder eine Lehre, sondern eine Macht; die Frau aber hatte ein so großes Herz, daß sie ihm die Möglichkeit gab, sich ganz in ihr auszuwirken und sie umzuwandeln.

Der Rosenkranz besteht aus heiligen Worten. Am häufigsten erscheint das Ave-Maria. Sein erster Teil stammt aus dem Neuen Testament. Er beginnt mit dem Anruf des Engels in Nazareth: »Gegrüßet seist Du, Maria! Du bist voll der Gnaden. Der Herr ist mit Dir.« Es folgen jene Worte, mit denen Elisabeth sie begrüßte, als sie über das Gebirge zu ihr ging: »Du bist gebenedeit unter den Weibern, und gebenedeit ist die Frucht Deines Leibes« (Lk 1,28;42). Den zweiten Teil bildet eine alte Anrufung der Fürbitte Mariens . . . Das Vaterunser hat uns der Herr selbst als Urbild und Inhalt alles christlichen Betens geschenkt . . . Das Glaubensbekenntnis bildet den frühesten Ausdruck der christlichen Überzeugung . . . Das »Ehre sei dem Vater und dem Sohne und dem Heiligen Geiste« ist der Lobpreis des Dreieinigen Gottes in seiner einfachsten Form . . . Mit den Worten des Kreuzzeichens endlich, das den Rosenkranz beginnt und beschließt – »im Namen des Vaters und des Sohnes und des Heiligen Geistes« – haben von Urzeiten her die Christen sich unter den

Namen Gottes und in das Zeichen der Erlösung gestellt.

Diese Worte kehren immer wieder. Sie bilden die offene, bewegte, von Kräften durchwirkte und von Sinn geordnete Welt, in welcher sich das Geschehen des Gebetes vollzieht. Sobald der Betende die Worte spricht, ersteht seine Sprachheimat um ihn her. Die Geschichte seines eigenen Sprechens und Lebens wird lebendig; dahinter die Geschichte seines Volkes, eingefügt in die der Menschheit. Als Worte der Schrift aber wölben sie den heiligen Raum der Offenbarung, in welcher der lebendige Gott zu unserer Wahrheit geworden ist.

IV

Maria

In dem Raum, den das heilige Wort bildet, erscheint als unmittelbarer Inhalt des Rosenkranzgebetes die Gestalt Mariens.

Sie war dem christlichen Herzen von Anfang an teuer. Schon die Jünger Jesu haben sie mit einer besonderen Liebe und Scheu zugleich umgeben. Man fühlt das, wenn man den gelegentlichen, aber im ganzen recht zahlreichen Stellen der Evangelien und der Apostelgeschichte nachgeht, die von ihr sprechen. Das christliche Volk hat Maria immer mit einer ihr allein vorbehaltenen Liebe geliebt, und es war keine gute Stunde, als Christen glaubten, um der

Ehre des Sohnes willen die uralte Verbundenheit mit seiner Mutter lösen zu sollen.

Wer ist sie? Sagen wir es so schlicht, als es nur irgend gesagt werden kann: Sie ist jene, für welche Jesus Christus, Gottes Sohn und unser Erlöser, zum Inhalt ihres Frauenlebens wurde. Eine Tatsache, so einfach und zugleich so sehr alle irdischen Maßstäbe übersteigend, wie Gottes Menschwerdung selbst.

Es gibt zwei Möglichkeiten der Größe. Die eine besteht darin, selbst groß zu sein: ein Schöpfer, ein Held, ein Verkünder, ein Mensch besonderen Schicksals – die andere, einen solchen Großen zu lieben, und sie scheint jener ebenbürtig. Denn um das Dasein eines anderen zu umfassen und in sich zu tragen, muß die eigene Herzenskraft gleichen Maßes sein wie die Gestalt und das Schicksal des geliebten Menschen . . . Was bedeutet es dann, wenn Jesus Christus der Inhalt von Mariens Leben war? Freilich, wir fühlen uns gewarnt. Niemals kann ein Menschenherz, und wäre es das tiefste, zu Christus in ein Verhältnis treten, wie zu einem geliebten Menschen sonst. Die Schranke der Unvergleichbarkeit erhebt sich dazwischen, denn Er, obwohl unser Bruder, hat doch die tiefste Wurzel seines Wesens auf der Seite Gottes. Ja alles das, was soeben über Maß und Größe gesagt wurde, wird schief und soll hiermit weggetan sein. Dennoch bleibt die Tatsache bestehen, daß Maria seine Mutter war; und wo immer das Evangelium von ihr spricht, erscheint sie nicht nur als jene, die das Erlöserkind gebar und aufzog, unentbehrlich und doch nicht zum Eigentlichen gehörend, sondern sie steht lebendig, wissend, liebend in diesem heiligsten Bereich. Allein schon der Bericht von der Botschaft des Engels muß jedem Glaubenden, der richtig liest, genügen; bedeutet sie doch nicht die Mitteilung, der göttliche Ratschluß werde sich an ihr vollziehen, sondern die Frage, ob sie willens sei, daß dies geschehe. Dieser Augenblick ist ein Abgrund, vor dem einem schwindeln kann, denn hier steht Maria mit ihrer Freiheit in der ersten Entscheidung alles dessen, was Erlösung heißt. Was bedeutet das aber, wenn die Frage: »willst Du helfen, daß der Erlöser komme?« zusammenfällt mit der anderen: »willst Du Mutter werden?« Was bedeutet es, daß sie den Sohn Gottes und Erlöser der Welt empfing und trug und gebar? Daß sie um sein Leben bangte und für ihn in die Verbannung wanderte? Daß er neben ihr in der Stille des Hauses zu Nazareth aufwuchs; dann von ihr weg in seine Sendung ging, sie aber, wie die Andeutungen der Schrift sagen, mit ihrer Liebe ihm folgte und am Ende unter seinem Kreuze stand? Daß sie die Auferstehung erfuhr, nach seiner Himmelfahrt im Kreise der Jünger auf die Herabkunft des Geistes wartete und von dessen Gewalt überströmt wurde? Daß sie dann in der Obhut jenes Apostels, »den Jesus liebte«, und dem Er selbst sie übergeben hatte, weiterlebte, bis ihr Sohn und Herr sie rief?

Die Schrift sagt darüber nur wenig, aber für den, der verstehen will, ist sie doch beredt – um so mehr, als es ja im Letzten die Stimme Mariens selbst ist, die wir in ihr vernehmen; denn woher sollten die Evangelisten sonst über das Geheimnis der Menschwerdung, über die ersten Ereignisse der Kindheit und die Wallfahrt nach Jerusalem erfahren haben? Wenn wir die ersten Kapitel der Evangelien nicht als Legende ansehen wollen – jeder aber muß sich darüber klar sein, was er in diesem Falle tut: er maßt sich das Urteil darüber an, welche Worte der Schrift Worte Gottes seien, und hebt damit grundsätzlich die Offenbarung auf –, dann können wir nicht anders, als sagen, daß ihre Erinnerung, ihr Erleben, ihr Wesen hinter den Berichten der Kindheitsgeschichte steht. Und nicht nur hinter ihnen; denn es kann gar nicht anders sein, als daß sie, die dreißig Jahre lang mit dem Herrn zusammengelebt hatte, nach seinem Hingang von ihm sprach. Welche Wirkung ihre Erzählungen und damit ihr eigenes Erleben auf das Christus-Verständnis und die Christus-Verkündigung überhaupt ausgeübt haben, ist nicht abzusehen.

Dieses Dasein hat nichts Märchenmäßiges, nichts Legendenhaftes. Es ist ganz einfach, ganz wirklich – aber von welcher Wirklichkeit! Die Legende redet oft fromm und tiefsinnig, nicht selten unernst, manchmal sogar töricht. Selbst dort aber, wo sie wirklich fromm ist, kann sie eine Gefahr bedeuten. Sie erzählt wunderbare Dinge, schwächt aber dadurch leicht den Sinn für das, was viel schöner, viel frömmer, viel wunderbarer als jede Legende ist, nämlich die Wirklichkeit. Das Leben Mariens, wie die Schrift es erzählt, ist so menschlich wahr, wie es nur immer sein kann; in dieser Menschlichkeit aber voll eines Geheimnisses der Gottesgemeinschaft und Liebe, dessen Tiefe wir nicht ausdenken können. Darauf richtet sich das Rosenkranzgebet.

Jesus ist so der Inhalt dieses Frauenlebens, wie das Kind der Lebensinhalt der Mutter ist, für die es Ein und Alles bedeutet. Zugleich ist er aber auch ihr Erlöser, und das kann kein Kind für seine Mutter werden. Wenn von Kind und Mutter in solcher Weise gesprochen wird, ist es meistens Gerede; sobald die Rede es aber ernst meint, lästert sie. In ihrer Beziehung zu Jesus vollzieht sich nicht nur Mariens menschlich-mütterliches Dasein, sondern auch ihre Erlösung. Indem sie Mutter wird, wird sie Christin. Indem sie mit ihrem Kinde lebt, lebt sie mit dem Gott, dessen lebendige Offenbarung es ist. Indem sie menschlich an ihrem Kinde wächst, wie das jede Mutter tut, die wirklich liebt; indem sie ihm unter all den Entsagungen und Schmerzen, die das bedeutet, den Weg in sein Dasein freigibt, wird sie selbst nicht nur menschlich frei, sondern reift in Gottes Gnade und Wahrheit. Darum ist Maria nicht nur eine große Christin, eine aus der Zahl der heiligen Menschen, sondern die Eine und Einzige. Niemand ist wie sie, weil keinem Menschen geschehen ist, was ihr geschah. Hier liegt die Echtheitswurzel aller Übertreibungen. Wenn sie sich nicht genug tun können, Maria zu preisen und dabei auch Maßloses und Törichtes zu sagen, so haben sie doch in einem recht: sie suchen, wenn auch mit falschen Mitteln, eine Tatsache auszudrücken, deren Abgründigkeit jeden erschüttern muß, der sich ihr öffnet. Aber die Übertreibungen sind überflüssig und schädlich, denn jene Tatsache wird um so ungeheurer und zugleich um so inniger, je schlichter das Wort bei der Wahrheit bleibt.

Sie ist es, auf die sich das Rosenkranzgebet richtet und die es unter immer neuen Blickpunkten betrachtet. Dieses Gebet bedeutet das Verweilen in der Lebenssphäre Mariens, deren Inhalt Christus war.

So ist der Rosenkranz im Tiefsten ein Christusgebet. Der erste Teil des Ave-Maria schließt mit seinem Namen: »und gebenedeit ist die Frucht Deines Leibes, Jesus«. An diesen Namen wird das sogenannte »Geheimnis« angefügt, zum Beispiel: »den Du, o Jungfrau, vom Heiligen Geiste empfangen . . . den Du zu Elisabeth getragen . . . den Du in Bethlehem geboren hast . . .« Jedes Gesätz des Rosenkranzes enthält ein solches Geheimnis. Sein Ganzes, wie es sich in der Perlenkette ausdrückt, umfaßt fünf Gesätze und bildet so einen Ring von fünf Geheimnissen. Solcher Ringe aber gibt es drei. Der erste ist der freudenreiche Rosenkranz; seine Geheimnisse beschäftigen sich mit der lieblich-ernsten, ahnungserfüllten Zeit von Jesu Jugend. Der zweite, schmerzenreiche, umfaßt sein Leiden von der Stunde am Ölberg bis zu seinem Tod am Kreuz. Der dritte, glorreiche, handelt von der Herrlichkeit seiner Auferstehung und Himmelfahrt, der Herabkunft des Geistes und der Vollendung Mariens selbst.

In diesem Gebet wird also die Gestalt und das Leben Jesu betrachtet; aber nicht, wie etwa im Kreuzweg, unmittelbar und für sich, sondern in Maria: als Inhalt ihres Lebens, von ihr gesehen, empfunden, »im Herzen bewahrt« (Lk 2,51). Was den Rosenkranz erfüllt ist ein beständiger Vollzug heiliger

Sympathie. Wenn uns ein Mensch sehr wichtig wird, dann freuen wir uns, einen anderen zu treffen, der ihm verbunden ist. Wir finden sein Bild in einem anderen Menschenleben gespiegelt und sehen es dadurch neu. Unsere Augen treffen auf zwei Augen, die ebenfalls lieben und sehen. Diese geben ihre Sehkraft der unseren hinzu, und unser Blick vermag nun die Enge des eigenen Wesens zu überwinden und um die geliebte Gestalt, die er bisher nur von einer Seite sah, gleichsam herumzufassen. Die Freuden, die der andere Mensch erfahren, und die Schmerzen, die er gelitten hat, werden zu ebensovielen Saiten, deren Schwingung unser eigenes Herz in neuer Weise zum Tönen, zum Verstehen und Antworten bringt. Darin besteht das Wesen der Sympathie, daß der andere Mensch sein Leben dem unseren zur Verfügung stellt und wir nun nicht nur aus uns selbst, sondern auch aus ihm heraus zu blicken und zu lieben vermögen . . . Etwas dieser Art, nur ganz anderen Ranges, geschieht im Rosenkranz.

V

Christus in uns

Im Bereich dieser Gestalt zu weilen, ist etwas Heilig-Großes. Bei den wahrhaft edlen Dingen fragt man nicht nach dem Nutzen, denn sie haben ihren Sinn in sich selbst. So ist es unendlich sinnvoll, in dieser Reinheit zu atmen, im Frieden dieser Gottverbundenheit geborgen zu sein.

Damit berühren wir wieder, was zu Anfang dieser Schrift gesagt wurde. Der Mensch braucht einen Raum heiliger Stille, den der Hauch Gottes durchweht, und wo ihm die großen Gestalten des Glaubens begegnen. Dieser Raum ist im Grunde die Unzugänglichkeit Gottes selber, die sich in Christus dem Menschen öffnet. Alles Beten beginnt damit, daß der Mensch still wird, seine verstreuten Gedanken zusammenholt, seiner Schuld in Reue inne wird und sein Gemüt auf Gott richtet. Tut er das, dann öffnet sich ihm der heilige Raum; nicht nur als Bereich seelischer Stille und geistiger Sammlung, sondern als etwas, was von Gott kommt.

Wir bedürfen dieses Raumes; stets, besonders aber dann, wenn die Erschütterung der Zeiten etwas deutlich macht, was eigentlich immer ist, aber durch das Gedeihen des äußeren Lebens und die Ruhe der allgemeinen Stimmung verdeckt wird, nämlich die Heimatlosigkeit des Daseins. Dann wird vom Menschen eine besondere Tapferkeit verlangt: nicht nur die Bereitschaft, mehr zu entbehren und Größeres zu leisten als sonst, sondern in einer Ortlosigkeit auszuharren, die unter anderen Umständen nicht fühlbar wird. So bedarf er jenes Raumes, von dem wir sprechen, mehr als je. Nicht um sich zu verkriechen, sondern um wieder die Mitte der Dinge zu finden, ruhig und zuversichtlich zu werden. Deshalb ist der Rosenkranz in Zeiten wie den unseren so wichtig – vorausgesetzt natürlich, daß alles Weichliche und Übertriebene weggetan, und er in seiner ursprünglichen, klaren Kraft genommen wird. Um so wichtiger, als es zu ihm keiner besonderen Vorbereitung bedarf, und der Betende nicht genötigt ist, Gedanken hervorzubringen, zu denen er überhaupt oder im Augenblick nicht fähig ist. Er tritt in eine geordnete Welt, begegnet vertrauten Bildern und findet Wege, die ihn zum Wesentlichen führen.

Der Rosenkranz trägt den Charakter des Weilens. In ihm ist die Geborgenheit einer stillen, heiligen, um den Betenden sich zusammenschließenden Welt. Das wird besonders deutlich, wenn wir ihn etwa mit dem Kreuzweg vergleichen[1]. Dieser hat die Gestalt eines Weges. Der Betende geht dem Herrn nach, von einer »Station« zur anderen, und hat am Schluß das Gefühl, am Ziel zu sein. Der Rosenkranz ist kein Weg, sondern ein Raum, und er hat kein Ziel, sondern eine Tiefe. In ihm zu weilen, tut gut.

In diesen Raum kann der Betende auch seine Anliegen tragen. Der zweite Teil des Ave-Maria ist ja eine Bitte; er kann sie mit allem füllen, was ihm am Herzen liegt. Die Mutter des Herrn ist keine Göttin, die in ihrer Herrlichkeit über dem Menschen lebte und sich nicht um ihn kümmerte. Was ihr geschah, ist ihr um des Menschen willen geschehen. Der ihr Kind wurde, ist unser Erlöser. Sie ist eine von uns, wenn sie auch unser aller Schicksal in einer nur ihr eigenen Weise erfahren hat. Immer hat das christliche Herz von ihr als von der Mitfühlenden und Liebenden gewußt, zu welcher die Menschen mit einer besonderen Rückhaltlosigkeit des Vertrauens gehen

---

[1] Siehe dazu Romano Guardini: „Der Kreuzweg unseres Herrn und Heilandes" (Matthias-Grünewald-Verlag, Mainz)

können. Das hat sich in dem innigen Namen ausgedrückt, der ihr schon früh gegeben worden ist, dem Namen »Mutter«. Schon früh hat das christliche Herz verstanden, daß Maria, weil die Mutter Christi, auch die unsere ist. Das gleiche mütterliche Geheimnis in ihr umschließt Christus, »den Erstgeborenen unter vielen Brüdern« (Röm 8,29) und uns. So haben die Christen immer, mit dem Gefühl, etwas tief Richtiges zu tun, ihre Angelegenheiten zu Maria getragen.

Und es ist sehr groß, wie im Ave-Maria die Fülle der Menschenanliegen ausgedrückt wird: sie möge mit ihrer Bitte für uns eintreten »jetzt und in der Stunde unseres Todes«. Es wird also nichts Einzelnes genannt. Jede Menschennot ist einbegriffen, und Jeder legt die eigene in die Worte hinein. Erfaßt wird aber diese Menschennot in zwei Augenblicken, die über unser Dasein entscheiden. Der eine ist das »Jetzt«; jeweils die Stunde also, in der wir den Willen Gottes zu erfüllen, zwischen Gut und Böse zu wählen und so den Sinn unseres ewigen Daseins zu entscheiden haben. Der andere ist »die Stunde unseres Todes«, welche das Leben abschließt und allem Getanen und Geschehenen seinen letzten, für die Ewigkeit gültigen Charakter gibt.

Dazu kommt aber noch etwas anderes. Es richtig zu sagen, ist nicht leicht, und ich bitte den Leser, er möge sich nicht an einzelne Worte halten, sondern dem gemeinten Sinn helfen, daß er richtig herauskommen könne.

Der Apostel Paulus spricht in seinen Briefen immer

wieder von einem letzten Geheimnis des christlichen Daseins: daß nämlich Christus »in uns« ist. »Ich lebe, doch nicht ich, sondern Christus lebt in mir«, sagt er im Galaterbrief (2,20). Er mahnt, wir sollen treu und wachsam sein, »bis daß Christus Gestalt gewinnt in uns« (Gal 4,20). Er sieht den Sinn des christlichen Werdens darin, daß wir »heranwachsen zur Fülle des Mannesalters Jesu Christi« (Eph 4,13), und »eingestaltet werden in des ewigen Sohnes Bild« (Röm 8,29). Das ist zunächst ein Ausdruck für die Verbundenheit des Glaubens und die Gemeinschaft der Gnade, so wie man etwa von einem Menschen sagt, ein sehr verehrtes Vorbild lebe in seinem Innern. Doch ist offenbar mehr gemeint. Mehr vom Menschen her, nämlich eine Gemeinschaft, welche über die bloße Verbundenheit in Huld und Begnadung, Gesinnung und Treue hinausgeht; eine Teilhabe an der Wirklichkeit Christi, die gar nicht tief genug gesehen werden kann. Mehr aber auch von Gott her; und wir würdigen das, was jene Worte für den Menschen bedeuten, wohl erst dann richtig, wenn wir zu verstehen suchen, was sie für Gott selbst sagen.

Gott liebt den Menschen. Das wird immer wieder gesagt und gehört; es scheint aber, als ob diese Botschaft nicht immer in ihrem ganzen Ernst verstanden würde. Sie meint nicht nur, daß Gott dem Menschen wohl will, ihm seine Sünden vergibt, ihn mit der Kraft zum Guten erfüllt und zu jener Gottesähnlichkeit führt, die den Sinn der Schöpfung bildet. Das alles soll gewiß nicht gering eingeschätzt werden. Es könnte genug und übergenug sein, und überhaupt wäre es sinnlos, hier messen zu wollen. Es ist aber nicht genug, wenn wir den Maßstab zugrunde legen, den Er selbst uns gibt: was er nämlich um seiner Liebe willen getan hat. Gott hat die Verantwortung unserer Schuld auf sich genommen; er ist Mensch geworden, ist es geblieben und bleibt es in Ewigkeit; er hat unter uns gelebt, hat das Schicksal, das sich um ihn zusammenzog, angenommen und es zur Sühne unserer Sünde gemacht – wir müssen die Selbstverständlichkeit abtun, mit der wir das alles hören und entgegennehmen. In Wahrheit ist es etwas Ungeheuerliches; ja gemessen an dem, was der Mensch von sich aus über Gott und über den Menschen denken kann, etwas Unsinniges. Von uns her müssen wir sagen, daß »sich das für Gott nicht gehört«. Hier muß also mehr sein, als eine bloße Liebe des Wohlwollens, eine noch so reine und mächtige Gnädigkeit. Hier muß ein Beweggrund wirksam sein, der Gott selbst angeht, und wir glauben ihn nicht anders ausdrücken zu können, als indem wir sagen, die Liebe, mit der Gott uns geliebt hat, habe von vornherein für ihn »Schicksal« bedeutet. Das Wort ist ungewohnt; ich finde aber kein besseres; so bitte ich den Leser, verstehen zu wollen, was damit gemeint ist. Gewiß nichts, was gegen Gottes Ehre ginge; im Gegenteil etwas, das uns lehren soll, Ihn tiefer anzubeten. Wer liebt, gib die Freiheit des unberührten Herzens auf und wird im geliebten Menschen gebunden; nicht durch Gewalt oder Nutzen, sondern eben durch die Liebe. Er kann von jenem nicht mehr sagen: »das ist ein Anderer – nicht ich . . . das trifft ihn – nicht mich«. Im Maße die

Liebe wirklich Liebe wird, verschwindet die Möglichkeit, so zu scheiden. Darum ist sie Schicksal, vom ersten Augenblick an . . . Etwas Ähnliches muß in Gott sein. Aber so ist es falsch gesagt; sondern was dem liebenden Menschen widerfährt, muß ein Abglanz von etwas sein, das mit unausdenklicher Sinnschwere und Gewalt in Gott geschieht. Man könnte einwenden, durch solche Gedanken werde Gottes Freiheit angetastet und Er, der Herr über alles, in Abhängigkeit gebracht. Wenn das geschähe, wären sie natürlich falsch, denn Grundlage und Gewähr unseres Heils ist die Wahrheit, daß Gott der Herr ist, von nichts abhängig, sich selbst genügend und seiner selbst mächtig. Dieser gleiche Gott hat aber den Menschen von Anfang an und in göttlicher Wahrheit geliebt. So hat sich das Tun und Lassen dieses Menschen nicht gleichsam unterhalb seiner vollzogen; von Ihm wohl mit den Augen der Huld verfolgt, aber eben doch als etwas, was Ihn selbst nicht anging. Gott hat vielmehr, indem er den Menschen liebte, dessen Schicksal in einer Weise an sein Herz herangelassen; er hat seine Ehre – die Ehre des in Liebe schaffenden Gottes – in einer Weise mit dem Heil des Menschen verbunden, daß das, was diesem geschah, ihm selbst zum Schicksal werden mußte.

Wieder könnte man einwenden, kein Geschöpf könne aus sich heraus etwas für Gott bedeuten; am wenigsten der Mensch, der gesündigt habe und zum Widerspruch gegen Gott geworden sei. Gottes Liebe finde nicht etwas vor, das ihr zum Gegenstand werde, sondern sei vollkommener Beweggrund ihrer selbst. Das ist wahr. Kein Wesen kann aus sich heraus Gottes Liebe auf sich ziehen, aber deshalb, weil es nichts aus sich hat. Was immer es hat und ist, hat es ja von Ihm. Aber auch wirklich von Ihm, und damit ist es vor Ihm gültig. Was sollte es sonst bedeuten, wenn Gott selbst angesichts der Schöpfungswirklichkeit mit steigender Eindringlichkeit erklärt, daß »es gut war«? Es war eben wirklich »gut«, und »sehr gut«, und zwar in Seinen Augen (Gen 1,4 – 31). Hier beginnt schon jene Selbst-Einsetzung der schaffenden und liebenden Ehre Gottes, von der wir sprachen. Sie schreitet fort, wenn vom Menschen gesagt wird, daß er nach Gottes Ebenbild geschaffen sei, denn das bedeutet, daß Gott die Ehre dieses seines Ebenbildes in den Menschen gelegt hat; und da er das aus Liebe getan, bedeutet es weiter, daß er nun diesem Menschen in einer Weise verbunden ist, wie kein Mensch dem geliebtesten Menschen verbunden sein kann. Sie wird immer tiefer und schicksalsmächtiger im Kommen Gottes durch die heilige Geschichte hin; im Bunde, den er mit dem Menschen schließt; in der Offenbarung seiner heiligen Wahrheit und Gesinnung – bis zu der alle irdischen Maßstäbe sprengenden Tat der Menschwerdung.

Die Liebe Gottes beginnt darin, daß er dem Menschen gegeben hat, für Ihn wirklich etwas bedeuten zu können. In Gott muß ein geheimnisvolles Verlangen nach dem Menschen sein. In den Augen des Unendlich-Ewigen, des Herrn, der alles ist und besitzt, muß der Mensch sehr kostbar sein, und Er will an ihm Anteil haben.

Dieses Geheimnis meinen die geistlichen Meister,

wenn sie von der Geburt Gottes im Menschen sprechen. Er will diesen nicht nur durchwalten und umhüten, wie alles, was lebt, sondern an seinem Dasein Anteil haben, in es eingehen, sich in es übersetzen – er will zum Sohn des Menschen werden. Das ist ein für allemal in der Menschwerdung des Sohnes geschehen. Das Dasein Christi ist die eigentliche und wesenhafte Erfüllung von Gottes Liebe. In Christus hat Gott sich dem Menschen geschenkt; in ihm hat er aber auch selbst am Menschen Anteil genommen. Da hat Gott sich ins Menschliche übersetzt, so daß »wer Jesus sieht, Gott sieht« (Joh14,9). Das bedeutet nicht nur unsere Begnadung, an Ihm Gott erkennen zu können, sondern auch Gottes Freude, in ihm als Mensch da zu sein . . . Was in Christus ein für allemal geschehen ist, soll sich, sagt Paulus, immer neu vollziehen. Nicht so, daß es noch einmal geschähe – die eigentliche Menschwerdung ist ein göttlich-personales Ereignis von unantastbarer Einmaligkeit – sondern geistlich; so, daß es in jedem Menschen nachvollzogen wird. Wirklich in jedem. Keiner ist entbehrlich, denn jeden gibt es nur einmal, und Gott liebt den Menschen so sehr, daß er jenes Geheimnis der Menschwerdung in jedem erneuern will. Gläubig werden heißt, den auferstandenen Christus in sich empfangen. Gläubig leben heißt, Ihm Raum geben, daß er sich im eigenen Dasein ausdrücke und heranwachse. Die Vollendung des Glaubens bedeutet, daß Christus im Dasein dieses Menschen durchdringe und darin zum Ein und Alles werde. Das Leben Christi ist das Thema, das in jedem Menschen neu gestellt und durchgeführt wird. Immerfort tritt Christus und in Christus Gott in dessen Leben ein; immerfort wird sein Menschliches in Christus, und durch diesen in Gott hinübergeführt. So wird der »neue Mensch«, in welchem der Herr sein Leben noch einmal lebt, und Gott seine Liebe sättigt. Darin aber wird er zu dem, was er nach Gottes Absicht sein soll. Auf dieses Geheimnis richtet sich der Rosenkranz. Was in Maria geschah, ist nicht in heiliger Ferne über uns geschehen, sondern bildet die einmalige, nie erreichbare und doch urbildliche Form dessen, was in jedem Christenleben geschehen soll; daß der ewige Gottessohn im Dasein des glaubenden Menschen »Gestalt gewinnt«. Wenn der Gläubige im Rosenkranzgebet vor die Gestalten tritt, welche dessen Inhalt bilden, naht er sich der heiligen Urform dieses Vorgangs, und das verborgene Geschehen in ihm selbst wird angerührt. Nicht bewußt, so daß er dieses will und jenes tut; sondern durch das Schauen und Verweilen, Preisen und Bitten in der Nähe des Mariendaseins rührt sich das Geheimnis des Christendaseins. Es wird gerufen, atmet, wächst, entfaltet sich.

VI

Praktisches

Und nun noch einige Worte über die Weise, wie der Rosenkranz gebetet werden mag.

Er hat eine einfache Form, sein Inhalt aber ist groß

und tief. Dieses Ineinander macht es leicht und schwer zugleich, ihn zu beten. Leicht für den Menschen mit lebendiger Vorstellungskraft und offenem Herzen, der fähig ist, im Dahingehen der Worte das Bild gegenwärtig zu halten und in der betrachteten heiligen Gestalt das eigene Dasein wiederzufinden – schwer für den, der das Vielerlei des neuzeitlichen Lebens mit dem Verlust der inneren Anschauungs- und Verwebungsfähigkeit bezahlt hat. Wer also auf die zweite Seite gehört, aber den Rosenkranz beten möchte, muß bereit sein, Schwierigkeiten auf sich zu nehmen. Er muß sich üben und etwas, was anderen selbstverständlich ist, allmählich lernen.

Vor allem muß er die Abneigung gegen die Wiederholung überwinden, denn diese gehört zum Wesen des Rosenkranzes. Der stille Rhythmus der immer gleichen Worte ist seine Form.
Überwinden muß er ferner die tief im heutigen Menschen liegende Unrast. Wer das noch nicht kann, soll sich mit dem Rosenkranz lieber gar nicht einlassen. Er wird nur enttäuscht sein und in Gefahr kommen, etwas sehr Schönes gering zu schätzen. Der Rosenkranz ist ein Gebet des Verweilens. Für ihn muß man sich Zeit nehmen; nicht nur in dem äußeren Sinne, daß man die erforderliche Zeit freimacht, sondern auch im inneren. Wer ihn richtig beten will, muß wegtun, was drängt; absichtslos und still werden. Das ist nötig, ob er nun dreißig oder zehn Minuten zur Verfügung hat. So darf er sich auch nicht zu viel vornehmen. Es kommt nicht darauf an, daß er den ganzen Rosenkranz durch-

wandere; lieber nur ein oder zwei Gesätze, aber in rechter Weise.

Dahinein mag er sein ganzes Leben mitnehmen, Freuden und Schmerzen, Menschen und Dinge, alles – aber so, wie er es zu einem Menschen tragen würde, dessen Wesen Ruhe bringt: nicht, um zu hören, wie er irgend etwas besser anfassen könne, sondern damit alles ins rechte Licht gelange.

Die eigentliche Betrachtung vollzieht sich im Ave-Maria.

Der erste Teil des Gebetes ist ein Anblicken und Sich-Hineinschauen, ein Verstehen und Preisen jenes Geheimnisses, das jeweils im Zusatz nach dem Namen »Jesus« ausgesprochen wird. Danach hält man einen kurzen Augenblick inne und verweilt still betrachtend . . . Im zweiten Teil des Gebetes wendet man sich an Maria, wie sie im Erleben dieses Geheimnisses steht und bittet um ihre Fürsprache, »jetzt und in der Stunde unseres Todes«. Dahinein gehören alle Anliegen, die eigenen und die der anderen, des Leibes und der Seele, des persönlichen und des allgemeinen Daseins. Vor allem das Anliegen schlechthin, in das Christusgeheimnis aufgenommen zu werden.

Wer diese Anweisung zum ersten Mal hört, bekommt vielleicht das Gefühl, sie sei verwickelt und schwierig. Das Gefühl wird noch stärker, wenn er sie auszuführen versucht, und es kann sein, daß er entmutigt oder geärgert ist. So wird es darauf ankommen, ob er einsieht, daß er etwas zu lernen hat. Das hat er nämlich wirklich; und zwar liegt es in der Art, wie die Worte des Gebetes mit der Vorstellung des Geheimnisses und den Anliegen des Herzens verbunden werden.

Vielleicht hilft uns ein Bild. Wenn ich mit einem Menschen rede, kann das so geschehen, daß ich ihm nur etwas Bestimmtes sagen will. Meine Aufmerksamkeit achtet dann darauf, ob das, was ich meine, richtig herauskommt, und ob Jener es richtig versteht. Sie läuft sozusagen auf einer einzigen Linie. Es kann aber auch so geschehen, daß wir ein ruhiges Gespräch führen, und die Worte keinen vorgeschriebenen Weg, sondern bald hierhin, bald dorthin laufen. Ich spreche dann zum Anderen und achte darauf, ob er mich versteht; zugleich folge ich aber auch seinen Mienen und Gebärden, fühle seine Beweggründe, empfinde seine ganze Lebendigkeit. Ich nehme die Umgebung wahr; die Bilder anderer Menschen kommen herein; Ereignisse der Vergangenheit tauchen auf, und die Zukunft meldet sich. Die Aufmerksamkeit ist also ausgebreitet. Sie hat nicht die Form einer Linie, sondern eines Raumes. Sie wirkt, wenn man so sagen darf, in symphonischer Weise; sieht im Vordergründigen das Dahinterliegende, in der Gebärde den Sinn, im jetzigen Vorgang das Voraufgehende und Nachfolgende ... So ist es auch hier gemeint. Der Akt, der den Rosenkranz trägt, ist nicht auf etwas Bestimmtes gerichtet, sondern umfassend. Er ist nicht scharf ausgerichtet, sondern locker. Die Worte sind nicht auf einen besonderen Sinn festgelegt, sondern gelöst, so daß in ihrem Raum auch Bilder auftauchen können, die nicht unmittelbar durch sie gemeint sind. Diese Bilder wiederum schaut der Betende nicht nur an, sondern er geht mit ihnen um, empfindet sie, spricht mit ihnen, läßt das eigene Leben in sie einströmen. So entsteht eine ruhevoll bewegte Welt, in welcher das Beten sich mit einer nur durch die Zahl der Wiederholungen und das Thema des Geheimnisses gebundenen Freiheit bewegt.

Das muß allerdings gelernt werden, und dazu bedarf es der Geduld. Einer liebenden Geduld, möchte man sagen; von der Art, wie etwa ein Mensch um etwas Schön-Lebendiges wirbt und nicht nachgibt, bis es sich ihm erschließt.

Das Vaterunser vor dem jeweiligen Gesätz darf nicht so gebetet werden wie das Ave-Maria, sondern jedes seiner Worte soll nur die ihm eigene Bedeutung haben. Es ist das Gebet des Herrn, und wir müssen es sehr behüten. Trotzdem wird es aus dem Zusammenhang heraus jeweils einen eigenen Klang empfangen.

Ausgang und Ziel aller geistlichen Bewegung ist der Vater. So steigt das Gebet vor jedem Gesätz zu ihm auf, Ihn um die wahrhaft wichtigen Dinge zu bitten. Vor dem Angesicht des Vaters, unter seinen Augen soll sich dann die nachfolgende Betrachtung vollziehen – so etwa, wie sich in der Geheimen Offenbarung die verschiedenen Geschehnisse, die der Seher schaut, vor dem Angesicht Dessen zutragen, der »auf dem Throne sitzt und lebt in alle Ewigkeit« (4,9).

Das Glaubensbekenntnis bildet die Einleitung zum Ganzen, handelt es sich doch darin um den Glauben in seiner Fülle.

In der Preisung »Ehre sei dem Vater und dem Sohne und dem Heiligen Geiste . . .« endlich neigt sich der Betende nach jedem Gesätz vor dem Dreieinigen Gott, von dem alles kommt und zu dem alles geht.

KURZE AUSLEGUNG DER
GEHEIMNISSE

Jedes Gesätz des Rosenkranzes enthält, wie schon gezeigt wurde, ein »Geheimnis«: ein Ereignis aus dem Leben Jesu, dem die Betrachtung sich in besonderer Weise zuwendet. Er wird in dem kurzen Satze genannt, der im Ave-Maria auf das Wort »Jesus« folgt.

Solcher Geheimnisse sind es, wie ebenfalls schon gesagt, fünfzehn, und sie gliedern sich in drei Ringe, die nach ihrem Charakter der freudenreiche, der schmerzenreiche und der glorreiche Rosenkranz genannt werden. Der erste enthält Geschehnisse aus der Kindheit, der zweite solche aus dem Leiden und Sterben, der dritte aus der Verherrlichung Jesu; so umfassen sie sein ganzes Leben und, mit dem seinigen verbunden, das Leben Mariens.

Je tiefer wir uns in sie versenken, desto klarer wird uns, daß sie gleichsam das Grundgesetz des christlichen Werdens enthalten – jener heiligen Geburt, von der wir sprachen.

Im Nachfolgenden versuchen wir eine kurze Auslegung der Rosenkranz-Geheimnisse. Sie kann nicht mehr geben als einige Hinweise, und auch diese nur so, wie ihr Verfasser die heiligen Wahrheiten eben zu sehen vermag. Damit ist also keine Regel ausgesprochen – im Gegenteil; je lebendiger aus dem Eigenen heraus der Betende sie erfaßt, desto besser. Nun handelt es sich aber um Begebnisse aus der heiligen Geschichte; so wird er gut tun, das Neue Testament aufzuschlagen und nachzulesen, was da über die Botschaft des Engels, über den Gang Mariens zu Elisabeth, über die Geburt des göttlichen Kindes und so fort berichtet ist. Gerade wer den Rosenkranz öfter betet, kommt in Gefahr, immer bei den gleichen Bildern und Gedanken zu bleiben und so zu verarmen. Wie viel lebendiger wird das Gebet, wenn er statt des ganzen Rosenkranzes nur ein oder zwei Gesätze nimmt, vorher aber den heiligen Text liest und so dessen Fülle und Frische hereinbekommt. Da nun dessen verschiedene Worte und Einzelzüge auf die Evangelien und die Apostelgeschichte verteilt sind, möchte ich auf ein gutes Hilfsmittel hinweisen, nämlich das Buch von August Vezin »Das Evangelium Jesu Christi« (Herder, Freiburg); eine sogenannte Evangelienharmonie, in welcher die biblischen Berichte zu einem fortlaufenden Ganzen zusammengefügt sind. Vielleicht kann auch des Verfassers eigenes Buch »Der Herr. Betrachtungen über das Leben und die Person Jesu Christ« (Werkbund-Verlag Würzburg)[2] brauchbare Dienste leisten.

I

Der Eingang zu jedem Rosenkranz

Dem Ring der fünf Gesätze geht jeweils eine Einleitung voraus, in welcher der Betende sich vorbereitet. Sie besteht aus dem Glaubensbekenntnis, dem Vaterunser und drei Ave-Maria, deren jedes ebenfalls eine Art Geheimnis enthält – und zwar in Ge-

---

[2] Jetzt: Schöningh, Paderborn; Taschenbuchausgabe: Herderbücherei 813, Freiburg.

stalt einer Bitte um jene Grundkräfte des christlichen Daseins, welche die Kirche die göttlichen Tugenden nennt. Paulus spricht von ihnen im ersten Korintherbrief, wo er sie den außergewöhnlichen Wirkungen des heiligen Geistes als das eigentlich Wichtige entgegenstellt: »So bleiben nun der Glaube, die Hoffnung und die Liebe, diese drei. Das größere unter ihnen aber ist die Liebe.« (1 Kor 13,13) In ihnen wirkt sich die tiefste Kraft des menschlichen Geistes und Herzen aus; ihrer eigentlichen Wurzel nach aber stammen sie aus Gott. Sie sind Weisen, wie sich die »Tugend«, die lebendige Vollkommenheit Gottes im Menschen auswirkt. Seine heilige Wahrheitskraft wird da zum Glauben; sein vollendender Wille zur Hoffnung; was aber die Liebe angeht, der Paulus so entschieden den Vorrang gibt, so antwortet mit ihr das Menschenherz dem, der »uns zuerst geliebt hat«.

Die erste Tugend: »*. . . der in uns den Glauben mehre.*«

Als Maria über die Berge zu Elisabeth ging, um einen Menschen zu finden, mit dem sie sprechen könnte, empfing diese, vom Heiligen Geiste erfüllt, die junge Verwandte mit Worten der Liebe und der Verehrung: »Selig Du, die Du geglaubt hast! Denn erfüllt wird werden, was Dir vom Herrn gesagt worden ist!« (Lk 1,45) Die Einzigkeit Mariens verführt leicht zur Meinung, ihr Leben sei voll von Wundern und Erleuchtungen gewesen; damit zerstört man aber dessen beste Wahrheit. Das Wort

Elisabeths stellt sie wieder her, indem es Maria um ihres Glaubens willen preist. Das war ihre Größe: daß sie geglaubt hat und eine Glaubende geblieben ist bis ans Ende ihres Lebens . . . ist aber Glauben wirklich etwas so Großes, wenn man erfährt, was sie erfahren hat? Offenbar doch; denn nicht ohne Absicht erzählt das Evangelium, wie der gleiche Engel, der Maria heimsuchte, auch zu Zacharias kam und ihm Gottes Verheißung brachte. Diesem war offenbar, daß es Gottes Bote sei, der zu ihm sprach; dennoch nahm er die Botschaft nicht an, und der Engel strafte ihn, »weil Du meinen Worten nicht geglaubt hast« (Lk 1,20). Maria hat geglaubt. Sie hat sich vor Gott als dem Herrn der Schöpfung geneigt, sicher, daß Er sein Wort über alle natürliche Möglichkeit hinaus wahr machen könne. Sie hat den unbekannten Weg betreten, auf den Er sie rief. Dieser Weg hat immer weiter durch das Geheimnis geführt; so konnte sie ihn auch weiterhin und bis zuletzt nur im Glauben gehen. Der Satz: »sie aber verstanden diese Worte nicht« (Lk 2,50) gilt für ihr ganzes Leben. »Verstanden« hat sie erst in der Fülle der Pfingstgnade; vorher mußte sie vertrauen und gehorchen.

Der Glaube ist die Grundlage unseres christlichen Daseins. Er erwacht vor Gottes Offenbarung. Ja, er stammt aus deren eigenem Ursprung; denn die gleiche Kraft, in welcher Gott sich uns kundtut, befähigt uns auch, sein Wort zu hören und ihm die Treue zu halten. Damit beginnt das neue Leben; nicht aus eigener Vernunft und Kraft, sondern aus Gottes Wort und Gnade. Sobald der Glaube nachläßt, geht es uns wie Petrus auf dem See: wir sinken. Seiner bedürfen wir immer, und je länger, desto mehr. Je weiter das Leben geht, desto mehr Glauben brauchen wir, weil wir immer stärker erfahren, wie verschlossen das Dasein ist. So bitten wir, der Herr möge »in uns den Glauben mehren«.

Die zweite Tugend: »*. . . der in uns die Hoffnung stärke.*«

Elisabeth preist die Jungfrau selig, daß sie geglaubt habe, denn alles werde geschehen, was ihr vom Herrn gesagt worden sei. Durch die Macht des Heiligen Geistes werde sie Mutter des Erlösers werden, und darin die Erfüllung ihres Lebens und ihres Heils finden. Dessen versichert zu sein, war aber nicht immer leicht. Wenn die Schrift von Maria und ihrem Sohne spricht, wird immer eine große Liebe, aber auch eine Ferne deutlich. Die Antwort des zwölfjährigen Knaben im Tempel (Lk 2,49), die Erwiderung Jesu bei der Hochzeit zu Kana (Joh 2,4), seine Worte an die Umstehenden, wie Maria vor der Türe nach ihm fragt (Mk 3,33), was er zu der Frau sagt, die seine Mutter selig preist (Lk 11,18), und sein letzter Wille, mit dem er sie dem Jünger übergibt (Joh 19,26f) – in alledem wird etwas deutlich, das ihn von ihr wegnimmt, und jedesmal droht die Möglichkeit, sie könne an Gottes Führung irre werden. Jedesmal aber wird ihr Vertrauen nur noch größer und gibt alles in Seine Hand. Maria hat ganz aus der Zuversicht auf die Macht Gottes gelebt, die fähig ist, durch Dunkel und Widerspruch hindurch alles zu vollenden.

Hoffnung ist das Vertrauen auf Gottes Vollendungsmacht. Er hat verheißen, wir sollen zu neuen Menschen, und die Schöpfung zu einem »neuen Himmel und einer neuen Erde« werden (Offb 21,1). Dem widerspricht der Eindruck, den die Dinge dieser Welt machen; der Gang, den das Leben nimmt; die Meinungen der Menschen um uns her; unsere eigene täglich erfahrene Unzulänglichkeit und Sünde – alles. Die Hoffnung ist das Trotzdem des Glaubens. Trotz alles Widersprechenden ist das neue Leben in uns; und Gott wird es vollenden, so viel auch dagegen stehen mag, wenn wir Ihm nur vertrauen. Das ist aber schwer, manchmal fast nicht zu leisten. So müssen wir immer wieder bitten, daß der Herr »in uns die Hoffnung stärke«.

Die dritte Tugend: ». . .*der in uns die Liebe entzünde.*«

Wenn die Heilige Schrift von der Liebe spricht, so dürfen wir nie vergessen, daß ihr Sprechen Offenbarung ist. Sie redet nicht nur in vorbildlicher Weise von etwas, das uns schon aus dem eigenen Wesen vertraut wäre, sondern tut uns kund, was wir aus uns selbst nicht wissen. Die Liebe, von der sie spricht, entspringt in Gott. Der Apostel sagt es ausdrücklich: »Darauf steht die Liebe: nicht, daß wir Gott geliebt haben, sondern, daß er uns geliebt und seinen Sohn gesendet hat als Sühne für unsere Sünden.« (1 Joh 4,10) Die Worte klingen so vertraut, daß wir das Ungeheure in ihnen leicht überhören. Es mag naheliegen, daß Gott uns gütig gesinnt ist; daß er uns aber liebt, und mit einem Ernst, der ihn veranlaßt, seinen Sohn, also sich selbst einzusetzen, ist Offenbarung schlechthin. Gottes Liebe treibt ihn, sich selbst zu opfern; und nicht aus irgend einem dunklen Drang, sondern in der reinen Freiheit seines ewigen Herrentums: »So sehr hat Gott die Welt geliebt, daß er um ihretwillen seinen Sohn dahingegeben hat.« (Joh 3,16) . . . Die Botschaft des Engels an Maria war die Aufforderung, sie solle diese Liebe in ihr Herz aufnehmen und fortan aus ihr heraus leben. Da hat die christliche Liebe auf Erden begonnen. Die Antwort, die sie auf die Botschaft gab, war denn auch ein Hinausgehen über sich selbst, Bereitschaft zum Gehorsam. Daraus ist ihr Glück gekommen – siehe den jubelnden Lobpreis, der ihr beim Gruße Elisabeths aus dem Herzen steigt (Lk 1,46–55) – aber auch das beständige Opfer. Immer aufs neue mußte sie in dem, was ihr Ein und Alles war, die Selbsthingabe Gottes nachvollziehen. Immer wieder wurde dieser ihr Sohn in den Willen des Vaters, in jene Fremde von ihr weggeholt, von welcher die Rede war – bis zu der letzten Stunde, in der sie nicht einmal mehr seine Mutter sein durfte, und Er sprach: »Siehe da deinen Sohn!« (Joh 19,26–27) Das anzunehmen, es immer neu zu bestehen und immer weiter in der Liebe zu wachsen, das war der Sinn ihres Lebens.

Wenn uns von der Liebe zu Gott gesprochen wird, verstehen wir sie unwillkürlich aus der unseren heraus, als deren Vollendung und Heiligung. In Wahrheit ist sie der Mitvollzug jener Liebe, die Gott hat. Sie bedeutet, daß wir über uns hinaus, in seine Liebe hinübergehen, und beginnt mit dem Gehorsam: »Denn das ist die Liebe zu Gott, daß wir seine Gebote erfüllen« (1 Joh 5,3). Und gehorsam bleibt sie, nur daß dieser, der zuerst mühsam war, immer mehr zur Freude und Freiheit wird. Daraus erwächst der eigentliche Sinn unseres Daseins: daß Gottes Wille darin mehr gilt als unser eigener. Was das bedeuten muß, lassen uns die Worte des Römerbriefes ahnen: »Ich bin gewiß, weder Tod noch Leben, weder Engel noch Mächte, weder Gegenwärtiges noch Zukünftiges, noch welche Gewalten sonst, weder Höhe noch Tiefe noch irgend ein Wesen vermag uns zu scheiden von der Liebe Gottes, die da ist in Christus unserem Herrn« (8,38—39).

II

Der freudenreiche Rosenkranz

Das erste Geheimnis: ». . .den Du, o Jungfrau, vom Heiligen Geist empfangen hast.«

Es spricht von jener wahrhaft stillsten Stunde, in der sich das Schicksal der Welt wendete. Von der Sehnsucht der in Sünde und Gottesferne verlorenen Schöpfung. Vom Ratschluß des ewigen Vaters, sie in einen neuen Anfang der Gnade aufzunehmen. Vom ersten Sich-Herneigen des Sohnes. Es spricht von der Botschaft des Engels, welche Ruf und Frage zugleich ist: »Siehe, Du sollst empfangen und einen Sohn gebären und ihm den Namen Jesus geben . . .« Und von der vorbehaltlosen Bereitschaft der reinsten aller Frauen, jene zu sein, aus welcher der Sohn Gottes unser Menschenwesen annehmen sollte: »Siehe, ich bin des Herrn Magd, mir geschehe nach deinem Worte« (Lk 1,31.38). Größere Stille hat nie ein Geschehnis umgeben. Schlichter ist nie eine Tat vollzogen worden. Die Entscheidung aber, die darin fällt, reicht von der Erde zum Himmel.

Das Ereignis kehrt in jedem gläubigen Leben geistlich wieder. Vor allem, wenn der Mensch zum ersten Mal – durch einen Menschen, oder durch ein Buch, oder eine innere Erfahrung – so von der Gestalt und dem Worte Christi berührt wird, daß er fühlt, hier ist die Wahrheit, und sich ihr in Bereitschaft zuwendet. Da geht der Herr als Gestalt und lebendige Kraft in ihn ein, und es beginnt, wovon die Rede war: das Durchdringen und Heranwachsen Christi im Menschen; das Eingestaltet-Werden des Menschen in Ihn. Von da ab erfolgt der Anruf immer wieder. Jedes Hören seiner Wahrheit, jedes Aufleuchten seines Bildes, jede Mahnung seines Gebotes fordert, Ihn tiefer ins Herz zu nehmen, Ihm das eigene Sein bereitwilliger zur Verfügung zu stellen.

Das zweite Geheimnis: ». . .den Du, o Jungfrau, zu Elisabeth getragen hast.«

Es ist die Zeit nach der Botschaft des Engels, die für Maria so selig und bedrängt zugleich war. Keine Frau hat ein Glück in sich getragen wie sie. Aber auch keine war je in ein solches Schweigen eingeschlossen; denn wie soll sie das Geschehene sagen, damit ein Anderer es ihr glauben könne?

Nicht einmal der, dem sie sich fürs Leben versprochen hat, wird sie verstehen – ja er am wenigsten, denn das Geschehene berührt ihn besonders tief. Hier beginnt der Ernst der Hingabe. Auf Ehre und Unehre, Leben und Tod ist sie in Gottes Hand. In dieser Not geht sie von Hause fort, über die Berge, zu Elisabeth, der mütterlichen Frau, mit der sie offenbar ein altes Vertrauen verbindet. Sie, so hofft die Bedrängte, wird verstehen, was sich zugetragen hat. Und sie tut es wirklich, denn der Geist, der das Geheimnis in Maria wirkt, erfüllt auch Elisabeth, so daß sie, noch bevor jene etwas gesagt hat, die Wahrheit erkennt: »Gesegnet Du unter den Frauen, und gesegnet die Frucht Deines Leibes!« (Lk 1,42) . . . Das ganze Geheimnis ist von der unsäglichen Innerlichkeit erfüllt, in welcher Maria das gottmenschliche Leben trägt, ihm das ihrige gibt und das seine empfängt.

In jedem christlichen Dasein gibt es den heiligen Bereich des Werdens, worin Christus lebt, uns tiefer inne, als wir uns selbst sein können. Da wirkt und wächst es; ergreift unser Sein, zieht unsere Kräfte an sich, dringt in unser Denken und Wollen, durchwaltet unsere Regungen und Empfindungen, damit sich das Wort des Apostels erfülle: »Ich lebe, doch nicht ich, sondern Christus lebt in mir.« (Gal 2,20)

Das dritte Geheimnis: » ... *den Du, o Jungfrau, geboren hast.*«

Die Stunde der Heiligen Nacht, da das göttliche Kind ins Offene der Welt tritt, unser Bruder wird und das Schicksal des Erlösers auf sich nimmt. »Es geschah aber ..., daß die Tage sich für sie erfüllten, und sie gebar ihren erstgeborenen Sohn.« (Lk 2,6 – 7) Das ist für uns alle, und der Lobpreis des seligen Ereignisses wird auf Erden nicht mehr verstummen. In der gleichen Stunde geschieht aber auch etwas, das nur Maria angeht: in ihrem persönlichsten Dasein, in ihrem Geiste und Herzen, tritt Christus in die Offenheit der Anschauung und der Liebe. Der Umgang der Erwartung wird zur Gemeinschaft von Angesicht zu Angesicht. Unsägliche Wahrheit: der ihr Kind ist, ist ihr Heiland! Wenn sie ihm ins Antlitz schaut, erblickt sie Den, der die »Erscheinung des lebendigen Gottes« ist. Wenn ihr Herz überströmt, geht die innige Flut zu Ihm, der in der Liebe des Erlösers gekommen ist. Wenn sie dem zarten Leben da dient, dient sie dem in Menschenschwäche erschienenen Herrn.

Das vollzieht sich geistlich in jedem christlichen Menschen, so oft das gläubig geahnte innere Leben in die Klarheit des Erkennens, in die Deutlichkeit der Tat, in die Entschiedenheit des Zeugnisses tritt. In jedem von uns wird Christus geboren, so oft er in irgendeinem Tun oder Erfahren als der Eigentliche und Maßgebende durchdringt. Einmal aber geschieht es mit besonderer Bedeutung: wenn uns ganz hell und stark aufgeht, wer Christus ist, so daß er zur beherrschenden Wirklichkeit unseres inneren Lebens wird.

Das vierte Geheimnis: » . . . *den Du, o Jungfrau, im Tempel aufgeopfert hast.*«

Gemeint ist der Gang, den Maria vierzig Tage nach ihrer Niederkunft zum Hause Gottes tat, um dort dem Gesetze gemäß ihr Kind Gott darzubringen. Alles Erstgeborene gehört Gott – dieses aber in einer jedes Sagen übersteigenden Weise. Voll stiller Würde in ihrer Armut legt sie das Kind in die Arme des Priesters und empfängt es gegen die kleine Opfergabe zurück. Simeon weissagt ihm das Schicksal des Erlösers und ihr das Leid, welches dessen Mutter auferlegt ist: »Dieser ist gesetzt zum Fall und zum Aufstehen vieler in Israel, und zu einem Zeichen, dem widersprochen wird. Dir selbst aber wird ein Schwert durch die Seele gehen, damit die Gedanken vieler Herzen offenbar werden.« (Lk 2,34 – 35) In die Lieblichkeit des ersten Ringes klingt der bittere Ton des Leidens. Sie hat ihr Kind von Gott empfangen und ihm ihr ganzes Sein zur Verfügung gestellt. Es ist ihr Ein und Alles – aber es gehört ihr nicht zu eigen. Die erste feierliche Handlung ihrer Mutterschaft ist ein Opfer.

Was uns, wenn wir glauben und gehorchen, von Gott gegeben wird, gehört nicht zu unserer Natur. Das neue Leben ist nicht unser, wie eine Veranlagung oder ein Charakterzug oder ein Erlebnis, sondern Gabe und bleibt es. Es steht unter dem Willen und der Führung Gottes, und wir müssen immer bereit sein, von uns selbst weggerufen zu werden und in eine Pflicht, eine Entsagung, ein Schicksal hinüberzugehen, die ihren Sinn nur im Willen Gottes haben.

Das fünfte Geheimnis: » . . . *den Du, o Jungfrau, im Tempel wiedergefunden hast.*«

Zwischen diesem Geschehnis und dem voraufgehenden liegen zwölf Jahre, und achtzehn folgen ihm bis zum nächsten. Das Schweigen, das in der Heiligen Schrift die Kindheit, die Jugend und das junge Mannesalter Christi verhüllt, liegt um es her. Von dem abgesehen, was die Evangelien über die erste Zeit erzählen, hören wir über diese dreißig Jahre nichts. Ein einziges Geschehnis hebt sich heraus: daß Jesus, wie er zwölf Jahre alt ist, die Vorschrift des Gesetzes erfüllt und seine erste Wallfahrt nach Jerusalem macht. Dort bleibt er, ohne daß die Seinen es wissen, im Tempel zurück, und Maria erlebt die Angst um ihr Kind. Wie sie es dann schließlich wiederfindet, »unter den Gesetzeslehrern sitzend, ihnen zuhörend und sie fragend«, muß sie eine noch größere Angst erfahren, denn auf ihre schmerzerregte Frage: »Kind, warum hast du uns das getan?« – erhält sie die Antwort: »Warum habt ihr mich gesucht? Wußtet ihr nicht, daß ich in dem sein muß, was meines Vaters ist?« In die tiefe mütterliche Verbundenheit greift eine Macht und holt ihr Kind weg: der Wille des Vaters. Wie schwer das ist, und wie groß die Fremde, die ihr Herz berührt, sagt der nächste Satz: »und sie verstanden das Wort nicht, das er zu ihnen sprach« (Lk 2,46–50).

Das wiederholt sich geistlich in jedem gläubigen Leben. Es hat Christus zu eigen; ist seiner im Glauben gewiß und liebend teilhaftig. Dann aber verschwindet er, oft ganz plötzlich und scheinbar ohne jeden Anlaß. Eine Ferne entsteht. Eine Leere bildet sich. Der Mensch fühlt sich verlassen. Der Glaube scheint ihm Torheit. Die Hoffnung muß er aufrechterhalten »wider alle Hoffnung«. Alles wird schwer, mühsam, sinnlos. Er muß allein gehen und suchen. Einmal findet er aber Christus wieder – freilich so, daß die Macht des Vaterwillens deutlich wird, dem er gehört.

III

Der schmerzenreiche Rosenkranz

Der zweite Ring umfaßt die Geschehnisse der letzten Tage, vom Abend des Donnerstags bis zur Osternacht. Was voraufliegt: daß Jesus seine Heimat verlassen hat und in die Öffentlichkeit getreten ist; daß er verkündet, gewirkt und gekämpft hat; das er keinen Eingang bei den Menschen gefunden und in unfaßlicher Einsamkeit ausgeharrt hat, und das Reich Gottes so, wie es hätte anlangen können, wenn »die Seinen ihn aufgenommen hätten« (Joh 1,11), nicht angelangt ist; daß der Haß sich um ihn her zusammenzog und alles, was in einer Geschichte von fast eineinhalb Jahrtausenden Gott widerstanden hatte, sich zur letzten Empörung sammelte – das wird nicht ausdrücklich erwogen, ist aber in die letzten Geschehnisse eingeschlossen.

Die Geheimnisse des freudenreichen Rosenkranzes könnten, für sich allein genommen, ins Idyllische oder Sentimentale abgleiten, obwohl davor schon der dunkle Ton warnen müßte, der im vierten aufklingt. In Wahrheit sind sie Offenbarung. Nicht jener Lieblichkeit und Lebenstiefe, die zwischen jeder Mutter und ihrem Kinde liegen, sondern davon, wie ernst es Gott mit unserem Heile ist – so ernst, daß Er es nicht nur gewährt oder gewirkt hat, sondern um seinetwillen selbst ins Erdendasein gekommen und Kind dieser Mutter geworden ist.

Dieser Ernst bricht in den Geheimnissen des zweiten Rosenkranzes gewaltig durch. Auch sie offenbaren die Liebe Gottes, aber an der Furchtbarkeit der Sünde. Die Frage, was die Sünde sei, können wir von uns aus nicht beantworten, denn – und das ist selbst die Folge von ihr – unsere Augen sind blind. Was sie ist, geht uns erst auf, wenn wir erkennen, was Gott getan hat, um sie zu überwinden. Sie ist jenes Schreckliche, von dem Gott in seinem Wissen und seiner Gerechtigkeit geurteilt hat, er müsse es durch dieses Schicksal sühnen.

Das erste Geheimnis: » . . . *der für uns Blut geschwitzt hat.*«

Die Stunde von Gethsemane ist unausschöpfbar. Jeder soll aus ihr holen, was sein Herz fassen kann. Wir wollen uns an das halten, was in den Worten liegt: »Er fing an zu zittern und sich zu ängstigen«, und »sein Schweiß ward wie Tropfen Blutes, die zur Erde rannen« (Mk 14,34 und Lk 22,44). Es ist das Grauen des Erlösers vor der Sünde. Nicht nur vor dem Leiden und Sterben als solchem, sondern daß es als Sühne der Sünde geschehen sollte. Diese sollte er auf sich nehmen und für sie einstehen. Wie furchtbar das gewesen sein muß, sagt das andere Wort, das er betend spricht: »Vater, Dir ist alles möglich: nimm diesen Kelch von mir!« (Mk 14,36). Was kommen soll, geht wider sein ganzes Wesen; nicht nur wie der Tod gegen den Lebenswillen, sondern wie die Sünde wider Gott. Das dritte Wort aber lautet: »doch nicht wie ich will, sondern wie Du« (Mk 14,36). Das Schlimmste an der Sünde ist ihre Verborgenheit. Überall gleitet sie in den Schein: daß sie etwas Natürliches sei, daß man sie nicht vermeiden könne, daß sich in ihr die Kraft des Lebens auswirke, oder dessen Ernst, oder dessen Tragik, oder wie immer. Wenn wir mitleben, was Christus hier erfährt, gehen uns die Augen auf. Es ist ein wichtiger Augenblick im Leben des Christen, wenn ihn zum erstenmal der Schrecken vor der Wirklichkeit der Sünde anrührt. Überall begegnen wir der Angst der Kreatur – wovor diese sich aber im Tiefsten ängstigt, weiß sie selbst nicht. Das ist die Sünde, unter deren

Bann alles Dasein steht. In der Angst Christi bricht sie zur letzten, furchtbarsten Klarheit durch. Sie ist es, wovor Gottes Sohn das Grauen dieser Stunde empfindet. Wir aber müssen erkennen – jeder einzelne muß es im eigensten Ernst: Meine Sünde ist es, deren Schrecknis sich hier offenbart.

Die nächsten drei Geheimnisse sprechen von den Leiden, die den Herrn vor seinem Tode getroffen haben. Zwischen ihnen liegt, was die Evangelien über die Gefangennehmung, den Prozeß und die Verurteilung erzählen, und klingt herein.

Es ist schwer, über diese Geheimnisse etwas zu sagen. In ihnen geht es um uns verlorene Menschen und darum, wie der Herr diese Verlorenheit in sich aufgenommen und durchgetragen hat. Was sie enthalten, ist endlos. Wir können immer nur einen Punkt herausnehmen, und der Betende muß selbst sehen, wie er weiterfindet.

Das zweite Geheimnis: » . . . *der für uns ist gegeißelt worden.«*

»Darauf nahm Pilatus Jesus und ließ ihn geißeln.« (Joh 19,1) Das Schlagen ist ein Vorgang von furchtbarer Deutlichkeit: das Ur-Tun des Hasses wider die fühlende, atmende Lebendigkeit des Gehaßten. Der Haß der Sünde wider Gott trifft mit diesen Schlägen den Erlöser. Er will Ihm weh tun. Sein Leib soll Ihm zum Schmerz werden. Seine heilige Lebendigkeit soll zerstört werden. Und zwar ist es eine besondere

Sünde, die sich hier gegen Ihn wendet, die der Sinne. Ihre Lust verkehrt sich für den Herrn in Leiden.

Das Christentum sagt nicht, daß der Leib böse und seine Lust Sünde sei; wohl aber, daß es in der Lust auch die Sünde gibt, und das Böse sich auch im Leibe auswirkt. Christwerden heißt nicht, den Leib verachten oder zerstören, wohl aber die Blindheit abtun und das Böse sehen lernen, das in der Natur am Werk ist; den Kampf um die Reinheit des Leibes und der Sinne führen; den körperlichen Schmerz selbst als Reinigung annehmen. Wenn der Glaubende so tut, ist es Christi Reinheit selbst, die in ihm durchdringt.

Das dritte Geheimnis: »*. . . der für uns ist mit Dornen gekrönt worden.*«

»Und die Soldaten . . . flochten eine Krone aus Dornen und setzten sie ihm aufs Haupt und gaben ihm ein Schilfrohr in die Hand und beugten die Knie vor ihm und verhöhnten ihn.« (Mt 27,27 – 29) Im Haupte offenbart sich die Würde des Menschen. Die Krone ist das Zeichen der Königshoheit, die von Gott kommt. Gegen das Haupt des Herrn, das unsichtbar die Krone des »Königs der Könige« trägt, richtet sich hier der Hohn. Die Soldaten machen einen Spottkönig aus Ihm. Hinter ihrer dumpfen Grausamkeit aber steht ein anderer Wille, der aus Ihm einen Spottmenschen und – wagen wir das Wort – einen Spott-Gott machen will. Aller Hohn der Welt kommt zusammen, um die Würde Gottes zu zerstören – und mit ihr die Würde des Menschen, die ja aus Gott stammt . . . Das Menschendasein ist von Stolz, Empörung, Eitelkeit durchwirkt. Zuweilen offenbar, meistens versteckt; ihre Wurzeln vermag weder Menschenblick noch Menschenwille zu erreichen. Der Herr enthüllt diese Macht, indem er ihr Raum wider sich selbst gibt. Der Stolz, in dem wir uns aufrichten, und die Eitelkeit, in der wir uns genießen, wandeln sich für Ihn in die Gestalt der Demütigung. So viel Er leidet, so groß ist das Maß ihres Bösen.

Auch dieser ist ein entscheidender Augenblick im Werden des christlichen Menschen: daß er den Trug durchdringt, der in allem liegt, was Größe, Macht, Leistung, Schönheit, Ansehen heißt. Das alles ist nicht selbst böse, aber das Böse ist darin. Hier soll er es anschauen, dem Anblick standhalten, im Geschehenden sich selbst erkennen. Und dann um die Demut kämpfen. Demut aber ist nichts als die Wahrheit, daß Gott Gott ist, nur Er – und der Mensch Mensch ist, wirklich Mensch.

Das vierte Geheimnis: » . . . *der für uns das schwere Kreuz auf sich genommen hat.*«

Das Evangelium sagt, daß Jesus »sein eigenes Kreuz aufnahm und zu der Stätte hinausging, die Golgotha hieß« (Joh 19,17). Was liegt doch in diesen Worten: das Tragen einer Last, die über seine Kräfte geht – und schließlich greifen sie ja »einen Mann namens Simon von Cyrene, der vom Felde kommt, und legen ihm das Kreuz auf, es Jesus nachzutragen«, weil Er nicht mehr kann (Lk 23,26). Alles, was im Dasein Last bedeutet, kommt hier zu seiner letzten Furchtbarkeit: die Arbeit, die Not, die Schmerzen, die Menschen um einen her, das eigene Wesen, die Schwere des Gemütes, die innere Leere, die Unerträglichkeit aller Dinge. In einem letzten Sinne ist ja alles »Last«; nicht, weil es schmerzlich statt freudig ist, sondern weil die Sünde den Fluch der Mühsal darüber gebracht hat. Der Mensch sucht sich ihr zu entziehen. Er will sie nicht auf sich nehmen, nicht unter ihr ausharren, Trägheit, Feigheit, Widerstand gegen die Last des Daseins – alles das wird hier für Christus zu dem Leiden, tragen zu müssen, was über seine Kraft geht.

Die alte Lehre vom geistlichen Leben nennt als erste und zuerst zu bekämpfende Schwäche des Menschen die Trägheit. Hier kann uns aufgehen, was das bedeutet. Hier können wir uns auch über uns selbst klar werden: daß es den Platz gibt, wo wir hingehören; das Schwere, das wir tragen, die Mühsal, die wir durchstehen, die Aufgabe, in der wir ausharren sollen – unsere persönlichste Lebenslast, in welcher sich die Last des Menschendaseins überhaupt verkörpert.

Das letzte Geheimnis faßt wieder alles zusammen. Es ist unerschöpflich wie das erste. Wir müssen hinzutreten, Augen und Herz auftun, an uns heranlassen, was da geschieht und davor ausharren – im Bewußtsein, daß es unsere eigenste Angelegenheit ist, um die es da geht.

Das fünfte Geheimnis: » . . . *der für uns ist gekreuzigt worden.*«

Vor dem Ende spricht der Herr die Worte: »Es ist vollbracht.« (Joh 19,30) Davon redet dieses ganze Geheimnis: wie »alles vollbracht« wird. Was hier geschieht, hat sein Vorspiel in der Erschaffung der Welt; da ist alles geworden. Dann hat die Sünde alles in die Verlorenheit gerissen. Nun nimmt der Herr wiederum alles in sein Leben auf, und leidet es in Schmerzen durch, um die nur Er selbst weiß. Darin erreicht er den Urgrund der Gnade und schließt ihn auf. Aus ihm geht die neue Schöpfung hervor. Der neue Beginn, der uns geschenkt ist; die Kräfte, aus denen der neue Mensch in uns wachsen und in die Ewigkeit aufsteigen; der neue Himmel und die neue Erde, die einst um ihn her werden sollen – alles das kommt aus dieser Stunde.

Das müssen wir wissen. In dem Maße werden wir Christen, als das Wissen, aus dem Todesleiden Christi zu leben, in uns erwacht und unter allem hingeht. Von hier aus wandelt sich auch unser eigenes Leiden. Während es vorher nur Vollstreckung der Schuld und ihrer Verlorenheit war, wird es nun mit dem Geheimnis des Kreuzes verbunden. Es erhält Anteil an der Macht, das alte Dasein in das neue umzuwandeln. Von der Welt her ist das menschliche Leiden im Letzten untröstbar. Nichts kann ihm wirklich helfen. Meistens merken wir das nicht, weil es nicht so lange dauert, oder die Aufmerksamkeit abgelenkt wird. Wird es aber groß, und können wir nicht anders, als ihm ins Auge blicken, dann sehen wir, daß es für das Leiden nur dann eine Hilfe gäbe, wenn sie in ihm selbst erstünde. Seit dem Leiden Christi ist das so. Da hat sich die furchtbare und selige Stelle herausgehoben, auf die wir treten können; und die Kraft ist uns gegeben worden, durch die, wenn wir zusammen mit Christus leiden, das alte Dasein ins neue umgewandelt wird. Wenn der Mensch dieses Geheimnis versteht und sich ihm anvertraut, gelangt er in die Mitte aller Dinge, und alles wird gut.

Wo bleibt aber in alledem Maria? Wir haben nicht von ihr gesprochen, weil die Schrift es in ihrem Bericht über die letzten Tage Jesu auch nicht tut. Erst am Ende geschieht es, wenn gesagt wird, daß sie »unter dem Kreuze stand« (Joh 19,25). Dieses Wort gilt aber für alles Voraufgehende. Immer hat sie »unter dem Kreuze gestanden«. Nie ist sie aus dem heiligfurchtbaren Bereich des Leidens Christi gewichen. Es ist aus ihrem Herzen heraus selbstverständlich, daß sie, wo immer es geschehen konnte, zugegen war. Ebenso selbstverständlich, daß sie von allem erfuhr. Jeder Atemzug des Herrn ging durch ihre Brust; jedes Klopfen seines Herzens war ihr eigenes; und nichts traf Ihn, was nicht auch, wie einst Simeon prophezeit, »durch ihre Seele gedrungen« wäre. So müssen wir sie in allem hinzusehen. Sie verbindet uns mit dem, was da geschieht. Sie bewirkt, daß wir nicht bloß hinschauen und uns unsere Gedanken machen, sondern daß es uns angeht. Uns selbst; jeden von uns; mich. Daß ich mich nicht wegstehle, sobald es meiner Herzensfeigheit zu schwer wird,

sondern bleibe. Sie ist geblieben, »bis alles vollbracht war«. So muß ich es auch.

IV

Der glorreiche Rosenkranz

Der dritte Ring ist der glorreiche Rosenkranz. Er
spricht von der Vollendung des heiligen Gesche-
hens. Er erzählt, wie das, was ein Erliegen und Unter-
gehen schien, in Wahrheit Überwindung war. Nicht
im menschlichen Sinne – obwohl auch menschlich
gesehen nicht jener siegt, der ein Zeugnis zum Verstummen bringt, sondern der es bis zuletzt aufrecht-
hält, denn in irgendeiner Weise wird es weiter-
wirken. Aber nicht um etwas von dieser Art handelt
es sich hier, sondern darum, daß der Gott, der die
Welt erschaffen hat, sie in seine Liebe aufgenommen und, Mensch geworden, ihre Schuld wie
ihr Verhängnis durchgelitten hat. Dadurch ist etwas
in ihr anders geworden; ein für allemal. Eine neue
Schöpfung ist durchgebrochen. Sie steht, durch keine Macht mehr auszulöschen, als lebendiger Beginn
in der Welt, und jeder Mensch, der guten Willens ist,
kann in den heiligen Anfang gelangen. Von der
Herrlichkeit, die sich hinter dem Dunkel des Todes
Jesu erhoben hat, spricht der letzte Rosenkranz.

Das erste Geheimnis: » . . . *der von den Toten auferstanden ist.*«

Das Sterben des Herrn ist geheimnisvoll. Er hat den Tod erlitten, schwerer, als ein Mensch ihn erleiden kann, weil er lebendiger war als jeder Mensch. Trotzdem hat er von seinem Tode immer so gesprochen, daß dieser sich mit der Auferstehung verband: »Von da an begann Jesus seinen Jüngern kundzutun, daß er nach Jerusalem ziehen müsse, und viel leiden von den Ältesten und Hohenpriestern und Schriftgelehrten, und getötet und am dritten Tage auferweckt werde.« (Mt 16,21) Die Jünger haben die Worte nicht verstanden, das zeigt sich an ihrem ganzen Verhalten bei seinem Tode; wer aber ihre Wahrheit geahnt haben muß, war Maria. Sie hatte Ihm ja sein menschliches Leben gegeben; sein Atmen und Wachsen und Sichregen war dreißig Jahre lang vor ihren Augen und in ihrem Herzen gewesen; sie hatte unter dem Kreuz gestanden und Ihn sterben gesehen – so hat sie auch gewußt, daß sein Leben eigener Art war. Als daher die Frauen und Petrus und Johannes vom leeren Grabe und den Worten der Engel berichteten, muß ihr gewesen sein, als habe sie auf alles das gewartet. Und sie, deren Herz mit dem Leichnam ihres Sohnes in das Grab eingeschlossen worden war, ist mit Ihm in das Licht seines göttlichen Sieges auferstanden.

Paulus sagt im Brief an die Römer, »unser alter Mensch« solle »mitgekreuzigt« werden und »sterben« und »mit Christus begraben werden«. Wenn das geschehe, dann sollen, »wie Christus auferweckt wurde von den Toten durch die Herrlichkeit des Vaters, auch wir im neuen Stande des Lebens wandeln« (6,4 − 5). Immerfort vollzieht sich in uns dieses Sterben und Begraben-Werden des alten Menschen; durch jeden Kampf gegen das Böse, durch jede Selbstüberwindung, durch jedes tapfer getragene Leiden, durch jedes Opfer der Liebe und der Großmut. Darin vollzieht sich aber auch die Auferstehung zum Werden des neuen Menschen. Zuweilen, fern drinnen, überdeckt durch die Unzulänglichkeit und Plage der Erde, ahnen wir das geheime Sich-Regen dieser heilig-ewigen Lebendigkeit, der »Herrlichkeit der Söhne Gottes« (Röm 8,21). Im übrigen müssen wir es glauben.

Das zweite Geheimnis: » . . . *der in den Himmel aufgefahren ist.*«

Nach seiner Auferstehung weilte der Herr bei den Seinen noch jene vierzig Tage, von denen die Evangelien berichten. Vom gleichen Ölberg aus, auf dem sein Leiden begonnen hatte, »hob er sich dann weg, in die Höhe« (Apg 1,9) und entschwand in Gottes Unzugänglichkeit. Maria war nicht bei ihnen, als das geschah; allem nach waren nur die gleichen zugegen, wie auch damals. Wir wissen nicht, ob der Herr es ihr gesagt hat, wann er »zum Vater gehe«. Aber zwischen Ihm und seiner Mutter muß eine Innigkeit der Gemeinschaft gewesen sein, die vielleicht keines ausdrücklichen Wortes mehr bedurfte, so daß sie fühlte, wie es mit ihm stand . . . Dann war sie allein. Wenn aber Paulus sagt: »so ihr mit Christus auferstanden seid, dann suchet, was droben ist, wo Christus ist, sitzend zur Rechten des Vaters; bei dem, was droben ist, sei euer Sinn, nicht bei dem, was auf Erden« (Kol 3,1—2) – dann gilt das vor allem von ihr. Ihr Sohn war »droben«, und ihr Herz war bei ihm, und ihr ganzes Wesen drängte zu ihm hinauf.

Als der Herr sich von der Erde weghob, begann das Warten, »bis daß er wiederkommt« (1 Kor 11,26). Was von da ab auf Erden geschieht, ist ein einziges Harren, und Glauben heißt, in diesem Harren stehen. Für den, der nicht glaubt, vollziehen sich die Ereignisse wie etwas, das seinen Sinn in sich selber hat. Das Tägliche und das Außerordentliche, das Große und das Niedrige, das Furchtbare und das Schöne – alles das, woraus die Geschichte zusammengewoben ist, geschieht, als ob es das Ganze wäre, und sonst wäre nichts. In Wahrheit war das Weggehen des Herrn wie der Anschlag eines gewaltigen Akkordes, der nun in der Luft steht und harrt, daß er in seiner Lösung zur Ruhe komme. Erst in der Wiederkehr Christi erfüllen sich alle Dinge.

Das dritte Geheimnis: »*. . . der uns den Heiligen Geist gesandt hat.*«

Am Abend vor seinem Leiden hatte der Herr zu den Seinen gesagt: »Ich lasse euch nicht als Waisen zurück.« (Joh 14,18) Als er wegging, wurden sie wirklich zu Waisen; denn so, wie in Ihm Gott bei ihnen gewesen, war er es nun nicht mehr. Am Pfingsttag aber, in dem durch Ihn gesendeten Heiligen Geist, kam Gott wieder. Nun war die Verwaisung aufgehoben; der Freund, »der Beistand«, der himmlische Führer bei ihnen. Sein Werk aber war, »sie einzuführen in alle Wahrheit« und ihnen »Christus zu geben« (Joh 16,13—14). Unter denen, über die der Heilige Geist kam, war auch Maria; die Schrift sagt es ausdrücklich, und wir können vielleicht ein wenig ahnen, was das göttliche Brausen und Flammen für sie bedeutet hat. So oft das Evangelium von ihr berichtet, klingt eine Ferne hindurch, die zwischen der menschlichen Mutter und der Unbegreiflichkeit ihres göttlichen Sohnen liegen mußte. Der Satz »sie verstanden diese Worte nicht« (Lk 2,50), steht neben allem. Wie nun der Heilige Geist kommt, führt er auch sie »in alle Wahrheit«; »nimmt, was Christi ist, und gibt es ihr«. Nun lösen sich die Rätsel. Sie erkennt das Walten Gottes und jedes Geschehnis findet seinen Sinn.

Auch zu uns ist der Geist gesandt. Er macht, daß wir keine Waisen sind. Er ist bei uns, wenn wir nur selbst bei ihm bleiben wollen. Er führt unser Leben durch alle Unbegreiflichkeit hindurch, wir müssen ihm aber auch die Hand lassen. Wenn wir ihn bitten und uns denkend und liebend öffnen, lehrt er uns Christus verstehen, und in Christus unser eigenes Dasein. Wo aber das Dunkel undurchdringlich bleibt, weil das irdische Dasein verschlossen ist, gibt er uns in einem göttlichen »Trotzdem«, wie Paulus sagt, »Zeugnis, daß wir Kinder Gottes sind«, und die Gewißheit, »daß uns, wenn wir Gott lieben, alles zum Besten dient« (Röm 8,16 und 28).

Die nächsten beiden Geheimnisse sind nicht mehr den Berichten der Schrift, sondern der christlichen Überlieferung entnommen. Quelle unseres Glaubens ist das Wort Gottes; wir dürfen aber nicht vergessen, daß »Wort Gottes« nicht nur das geschriebene, sondern auch das lebendig verkündete ist, von jenen gesprochen, die den Auftrag empfangen haben, »alle Völker zu lehren ... bis ans Ende der Welt« (Mt 28,19—20). Aus ihm erzählt die Kirche das Leben Mariens zu Ende.

Etwas Unsägliches an Stille, Gegenwärtigkeit und Entrücktheit zugleich muß ihr Leben nach dem Weggang ihres Sohnes gewesen sein. Wir wissen nicht, wie lange es noch gedauert hat; vielleicht sehr lange, denn als der Herr starb, zählte sie kaum fünfzig Jahre. Wie sollen wir das Geheimnis jener Zeit ausdrücken, die sie in der Hut »des Jüngers« verbrachte, »den Jesus lieb hatte« (Joh 19,26—27)? Vielleicht sagen wir: sie hat nichts mehr gewollt. Nichts erstrebt, nichts gefürchtet, nichts vermißt, denn alles war erfüllt. Als der Geist über die Jünger kam, hat er diese zu ihrem großen Werk gerüstet; als er zur gleichen Stunde über Maria kam, war das ihre schon vollbracht. So wird er bei ihr wohl nichts anderes getan haben, als alles in die Klarheit zu heben. In einer unaussprechlichen Klarheit muß sie von da an gelebt haben, und in einem unaussprechlichen Frieden. Wohl auf die Stunde wartend, da ihr Sohn anklopfen würde; aber so, daß ihr Warten schon voll der Erfüllung war. Hundert Jahre hätte sie im gleichen Frieden gewartet, wie einen Tag. Aus dieser reinen Stille müssen ihre Worte wie Tropfen Licht in die Herzen derer gefallen sein, die zu ihr kamen und von Jesus hören wollten, und niemand wird ermessen, was da für immer in die heilige Botschaft eingeströmt ist.

Das Bild des späten Lebens Mariens ist uns Verheißung und Unterpfand. Es sagt, daß wir die Zeit nicht allzu ernst nehmen sollen, denn wenn wir gläubig sind, lebt die Ewigkeit schon in uns. Daß wir die Nöte der Erde nicht überschätzen sollen, »denn die Leiden dieser Welt wiegen nichts vor der Herrlichkeit, die einst an uns offenbar werden wird« (Röm 8,18). Und daß wir Gott bitten sollen, er möge uns innewerden lassen, wie die Ewigkeit schon mitten in der Zeit da ist.

Das vierte Geheimnis: » . . . *der Dich, o Jungfrau, in den Himmel aufgenommen hat.*«

Die Jahre des friedvollen Wartens sind zu Ende gegangen. Der Herr ist gekommen und hat seine Mutter gerufen. Sie ist gestorben, wie allen Menschen »gesetzt ist, zu sterben« (Hebr 9,27); aber dann, sagt die Kirche, hat Er ihren reinen, von keiner Sünde berührten Leib auferweckt. Die Kraft seiner Auferstehung hat sich an ihr erfüllt, und er hat sie in die Ewigkeit aufgenommen. Ein Geheimnis unendlicher Freude. Wenn die Kirche davon spricht, wenn die geistlichen Dichter davon singen, wenn die Maler es schildern, ist es als ob etwas durchbrechen dürfe, das sonst im irdischen Dasein noch eingeschlossen bleibt. Nicht umsonst wird das Fest der Himmelfahrt Mariens in der letzten Reife des Sommers gefeiert.

Dieses Geheimnis ist uns gegeben, damit wir ahnen, was die Freude des Christen, das Aufgenommen-werden in den Triumph Gottes, das unendliche Emporströmen der Schöpfung bedeuten mag. Und es ist uns gegeben, damit ein göttliches Licht auf unseren eigenen Tod falle. Als der Herr starb und auferstand, hat er unser Sterben verwandelt. Der Tod war die Frucht der Schuld; darüber haben keine noch so starken Worte hinweggeholfen. Durch Christi Sterben hat aber der Tod »seinen Stachel« verloren und ist zu etwas anderem geworden. Nun vollzieht er sich nicht mehr nur von uns aus, als ein Enden ins Dunkel, sondern auch von Christus her. Sterben bedeutet nun, daß Christus kommt und anklopft. Das Leben zerbricht, aber ebendadurch geht die Tür auf, und Er steht auf der anderen Seite.

Das fünfte Geheimnis: » . . . *der Dich, o Jungfrau, im Himmel gekrönt hat.*«

Dieses Geheimnis vollendet das voraufgehende. Jenes hat von Mariens Überschritt in die Ewigkeit gesprochen; dieses preist ihr Beschenktwerden mit deren ganzem Reichtum. Paulus hat gesagt, daß »die, welche die Fülle der Gnade und der Gerechtigkeit empfangen, als Könige herrschen werden im ewigen Leben durch den einen Jesus Christus« (Röm 5,17). So wird denn ihr, die mit Christus durch das Dunkel der Erde gegangen ist, Anteil an seiner Herrschaft gegeben. Davon ist die Krone das Symbol. Nun ist sie die »Himmelskönigin«. Gottes Geschöpf, wie wir alle, und in einer Demut ihm untergeben, die so groß ist wie ihre Reinheit. Zugleich aber von Ihm erhoben zu einer heiligen Herrschaft, die nichts von Anspruch und Eigenwille an sich hat, sondern Gestalt gewordene Holdseligkeit spendender Gnade ist.

Die innerste Haltung des Christen soll Demut sein. Er weiß, daß er nichts aus sich hat, alles von Gott; nichts durch sich selbst kann, alles nur durch die Gnade. Die Demut ist das Eingeständnis dieser Wahrheit. Ja, sie ist die Freude an ihr; das Glück, welches aus ihr kommt; im Letzten nichts als Liebe. In dieser gleichen Demut aber liegt auch ein stilles Bewußtsein verborgener Hoheit. Nicht eigener, sondern geschenkter – aber derart geschenkt, daß sie tiefer zugehörig ist, als alles, was aus dem Anspruch des eigenen Wesens kommt. Das meint Paulus, wenn er von der »Herrlichkeit« spricht, »die an uns offenbar werden soll« (Röm 8,18). Sie bedeutet den Hoheitsglanz Gottes, der im auferstandenen Christus aufleuchtet. An ihm wird uns Anteil gegeben werden.

V

Ein Vorschlag

Wir sind den Geheimnissen gefolgt, wie sie der Rosenkranz in seiner allgemein verbreiteten Form enthält. In einem schönen Buche, das den Titel

»Maria, die Mutter des Glaubens« trägt, spricht *Josef Weiger* »über die heilsgeschichtliche und persönliche Größe der Mutter Jesu« (Werkbund-Verlag Würzburg). Gegen Ende dieses Buches handelt er auch vom Rosenkranz und entwickelt da einen Gedanken, den wir uns zu eigen machen wollen.

Wenn man die drei Kreise des Rosenkranzgebetes betrachtet, empfindet man den Wunsch, jene Wahrheit, die unser jetziges Dasein bestimmt, nämlich das Warten auf Christi Wiederkehr, möge deutlicher herauskommen, als es in den bisherigen Geheimnissen des dritten Kreises geschieht. So schlägt Josef Weiger vor, an Stelle der beiden Geheimnisse: *»der Dich, o Jungfrau, in den Himmel aufgenommen«* und *»der Dich, o Jungfrau, im Himmel gekrönt hat«*, folgende zu setzen: *»der wiederkommen wird in Herrlichkeit«*, und *»dessen Reiches wird kein Ende sein«*. Die beiden Endgeheimnisse des Marienlebens aber sollen wie ein Ausklang am Ende stehen.

Also wollen wir nun kurz die beiden neuen Geheimnisse bedenken und sie so dem Leser zur Verfügung stellen.

Das vierte Geheimnis des glorreichen Rosenkranzes: *». . . der wiederkommen wird in Herrlichkeit.«*

So ist es geoffenbart: »Wenn der Sohn des Menschen wiederkommt in seiner Herrlichkeit . . . wird er sich auf den Thron seiner Herrlichkeit setzen, und es werden vor ihn zusammengerufen werden alle Völker« (Mt 25,31—32). Die ersten Zeiten waren von der Erwartung dieses Kommens ganz erfüllt. Später hat sie sich verloren. Die Kunde von der Wiederkunft Christi steht aber unauslöschlich in den Zeugnissen des Glaubens, und das Zeugnis von ihr ist in der Tiefe des christlichen Herzens. Einmal – niemand weiß, wann – wird Er kommen. Aber nicht in Schwäche, wie einst, als der Bote »in Knechtsgestalt«, der wartete, ob man sein Wort aufnehmen wolle, sondern als der Herr und in Macht. Dann wird Er der Zeit ihr Ende setzen. Er wird die Welt, in deren ganze Gestalt und Geschichte die Sünde eingegangen ist, zum Untergang bringen. Er wird die Menschen zur Auferstehung und vor sein allwissendes Gericht rufen. Er wird ihnen ihr Urteil sprechen und sie so, wie ihre Wahrheit vor Gott ist, in die Ewigkeit führen.

Wir leben in der Zeit, und die Zeit ist vom Trug des Dauerns erfüllt. Die Dinge zerfallen, bilden sich aber neu; so scheint die Welt als Ganzes unvergänglich. Das Lebendige vergeht, aber aus dem, was stirbt, entspringt Neues; so scheint das Leben als Ganzes immer weiterzugehen. Die Taten jedes Menschen enden, und sein Werk zerfällt, allein immer der nächste beginnt neu; so scheint das Ringen und Schaffen nie aufzuhören. Als der Erlöser kam und nicht aufgenommen wurde, blieb alles undurchsichtig und ausweglos. Einst aber kommt er wieder; dann enthüllt er den Trug, schafft Klarheit und wirkt die Vollendung . . . Bis dahin müssen wir treu sein und warten. Alles widerspricht uns. Der Glaube, der Herr werde allem das Ende setzen und das Urteil sprechen, erscheint wie ein Kindermärchen. Darin aus-

zuharren, ist aber »der Sieg, der die Welt über-
windet«. Das Gericht wird schrecklich sein, aber es
sei gepriesen! Wir »harren auf die selige Hoffnung:
das Erscheinen der Herrlichkeit unseres großen Gottes und Heilandes Christus Jesus« (Tit 2,13). Vor seinem Urteil wird keiner bestehen; dennoch ist es die
selige Hoffnung«, denn in Ihm wird Gottes Wahrheit zur Macht werden und alles ins Rechte bringen.

Das fünfte Geheimnis: » . . . *dessen Reiches wird kein
Ende sein.*«

Dann wird das Reich Gottes da sein. Alles wird Gottes Reich sein; nicht durch äußeren Zwang, sondern
durch inneren Zustand. Solange die Erdenzeit
währt, ist nicht Reich Gottes, denn das Gute kann
unterliegen und das Böse herrschen, und so geschieht es ja auch immer wieder. Einst, in der Ewigkeit, wird etwas so viel Wirklichkeit haben, als es
wahr, und so viel Macht, als es gut ist. Gott aber, der
die Heiligkeit und Gerechtigkeit von Wesen ist, wird
ebendadurch der Herr sein. Was Ihm widerspricht,
ist dann im Gerichte zerbrochen und einer Verlorenheit verfallen, für die es keinen Begriff gibt. Was im
Gericht bestanden hat, atmet und ist selig in Gottes
Herrschaft, denn sie ist die Freiheit und das Leben.
»Siehe«, spricht der Herr, »ich mache alles neu!«
»Ein neuer Himmel« wird sein »und eine neue Erde«,
erfüllt vom »Leuchten seines Angesichts«; darin
»werden Gottes Knechte ihm dienen« (Offb 21,5
u.1; 22,3 — 4).

Darauf warten wir. Der Glaube sagt uns aber, daß dieses Reich schon seine Vorboten vorausgesendet hat. Es ist schon in uns, wenn auch in der Weise der Verheißung und des Beginns. So viel wir in der Verschlossenheit des Daseins der heiligen Botschaft glauben, so viel wir inmitten der Kälte und des Hohns der Welt Gott lieben, so viel wir ausharren im Widerspruch aller Dinge, so viel ist das Reich schon da. In diesem Zustande leben wir, auf jenen hoffend, in dem es weder Vergehen noch Verlieren, nur reine Wirklichkeit gibt. Wenn sich dann Gottes Reich erfüllt, werden wir darin nicht nur Untertanen, sondern Mitherrscher sein. Daß die Dinge in Gott frei werden, das ist das Reich. Und daß wir selbst in Ihm frei werden, ist »die Herrlichkeit der Kinder Gottes«, in der wir an Seinem Herrentum Anteil gewinnen. In alledem war von Maria nicht die Rede, aber sie war mitgemeint. Sie wartet auf die Stunde, »die der Vater gesetzt hat in seiner Vollmacht« (Offb 1,7), da dieses alles geschehen soll. Das Gericht ihres Sohnes wird ihr Leben vor der Welt rechtfertigen. Und in seinem Reiche wird ihre holdselige Herrschaft leuchten, wie es die Geheime Offenbarung verkündet, wo das Weib erscheint, das, von der Sonne umkleidet und von den zwölf Sternen bekränzt, auf dem Monde steht (12,1).

An diese drei Rosenkranz-Ringe würden sich nun die beiden Geheimnisse von der Himmelfahrt und von der Krönung Mariens anschließen: Ausklang ihres Lebens und Vorausnahme der einstigen All-Vollendung.

Textauszug aus:

Romano Guardini
Das Gebet des Herrn
Topos Taschenbuch 75. 96 Seiten

Das Vaterunser weist den Weg zum »rechten Gott«. Es sagt: Willst du zu ihm gelangen, so mußt du dort suchen, wo Der steht, der dich in diesen Worten beten lehrt. Zu ihm mußt du treten, und mit ihm zusammen zu Gott gehen. Paulus spricht von »Gott, welcher ist der Vater unseres Herrn Jesu Christi«: Wenn wir Gott finden wollen, so muß die Bewegung des Herzens und des Geistes Gott so meinen, wie Jesus ihn meint, wenn er von Gott redet. Sie muß sich auf Jenen richten, auf den Jesus sich richtet, wenn er zu seinem Vater spricht. Sie muß ihr Ziel suchen mit Jesus zusammen, durch Jesus hindurch, so wie dieser gesagt hat: »Niemand kommt zum Vater, es sei denn durch mich.«

Wenn wir also fragen, wer Gott sei, so lautet die Antwort: Der, mit dem Jesus redet, wenn er zu seinem Vater spricht. Wenn wir fragen, wie Gott gesinnt ist, so lautet die Antwort: So, wie Jesus in seinem Sein und Tun ihn offenbart: »Wer mich sieht, der sieht den Vater.«

Das versteht sich nicht von selbst, und es ist auch nicht immer leicht, danach zu handeln.

Matthias-Grünewald-Verlag · Mainz

Werke Romano Guardinis in der Reihe Topos Taschenbücher

Matthias-Grünewald-Verlag · Mainz